U0909329

财务管理学术前沿丛书
ACADEMIC FRONTIERS OF FINANCIAL MANAGEMENT

营利性组织财政补贴资源配置与绩效评价

申香华◎著

ALLOCATION AND PERFORMANCE EVALUATION OF FINANCIAL SUBSIDY RESOURCES OF PROFIT ORGANIZATIONS

本书是2017年河南省哲学社会科学规划项目"'互联网+会计'与政府财政补贴优化研究"（2017BJJ015）的成果

经济管理出版社
ECONOMY & MANAGEMENT PUBLISHING HOUSE

图书在版编目（CIP）数据

营利性组织财政补贴资源配置与绩效评价 / 申香华著. —北京：经济管理出版社，2018.8

ISBN 978-7-5096-5970-0

Ⅰ.①营…　Ⅱ.①申…　Ⅲ.①社会团体—财政补贴—研究—中国　Ⅳ.①F812.45

中国版本图书馆 CIP 数据核字（2018）第 200439 号

组稿编辑：王光艳
责任编辑：许　兵
责任印制：黄章平
责任校对：张晓燕

出版发行：经济管理出版社
（北京市海淀区北蜂窝 8 号中雅大厦 A 座 11 层　100038）
网　　址：www.E-mp.com.cn
电　　话：（010）51915602
印　　刷：北京晨旭印刷厂
经　　销：新华书店
开　　本：720mm×1000mm /16
印　　张：15.25
字　　数：219 千字
版　　次：2019 年 6 月第 1 版　　2019 年 6 月第 1 次印刷
书　　号：ISBN 978-7-5096-5970-0
定　　价：68.00 元

前 言

对营利性组织实施补贴的实质是使一部分纳税人的钱转移到另一部分人手中，进行利益再分配。随着各级政府财政实力的增强，政府对企业的各类补贴也越来越多。这些公共资源由营利性组织使用产生的就业机会、财政收入、经济增长、环保投入与支出、社会捐赠、能源节省等是否大于政府支配该部分资源所提高的整体社会福利，政府对营利性组织实施财政补贴的政策目的是否达到，如何衡量，这些问题并未引起理论研究的重视。因此，本书以沪深两市 2012~2015 年上市公司政府财政补贴为样本，研究了现阶段营利性组织财政补贴的倾向性、经济绩效和监管制度安排。

本书通过梳理已有的研究文献认为，政府对营利性组织实施财政补贴的目的主要体现在加强地方经济竞争力、实施地区产业发展政策、发展地方经济、增加地方就业、维持地方财政收入增长、维护地区形象等方面。在具体实施补贴时，财政补贴具有一定的倾向性，资产规模、政府背景与财政补贴呈正相关关系，产权性质与补贴面呈负相关关系，但与补贴额呈正相关关系，盈利企业比亏损企业能获得较多的财政补贴，制造业、建筑业、综合类企业、信息技术业等行业不论在获取补贴的覆盖面上还是在补贴额上都具有明显优势。

本书借鉴平衡计分卡原理设计营利性组织财政补贴绩效测度指标，指标体系包括 4 个维度、14 个类别、50 项具体指标，从社会维度、财务维度、内部经营流程维度、学习与成长维度分别检验财政补贴绩效，检验中运用了描述性统计、相关性分析、多元回归分析、因子分析等方法。实证结果表明，财政补贴对激励企业雇佣更多的员工、发放更高的平均薪酬起到了积极作用。同时，财政补贴也能激发管理者的管理热情和责任，降低管理费用率和提高资产周转率，以此提高企业管理效率。但是财政补贴并未在改善企业财务状况方面发挥显著的作用。同时，由于财政补贴部分是以税收返还或减免的方式实现的，所以从对国家税收的贡献来看，财政补贴的作用并不显著。在对补贴倾向性与补贴绩效关联度的检验中发现，对盈利企业补贴效果要优于亏损企业，对规模大的公司补贴效果要优于规模小的公司，但是不同产权性质对财政补贴绩效基本不产生影响。通过因子分析法分析后发现，采掘业、社会服务业、交通运输业财政补贴绩效排名靠前，而农林牧副渔业、批发与零售贸易业、建筑业补贴绩效排后三位。

本书通过应用示例的形式，进一步说明了营利性组织财政补贴绩效评价指标体系如何在特殊目的财政补贴中应用。通过对重污染发电行业 A 公司的分析可以看出，无论是清洁能源投资状况、清洁能源生产规模还是清洁能源给企业带来的营业收入，均呈现增长趋势，这说明国家基于特定目标实施补贴的政策在一定程度上发挥了积极引导作用。

本书研究发现，总体来说，我国政府对营利性组织实施财政补贴也还存在一些问题，如补贴覆盖面过宽、补贴对象不明确、补贴金额缺乏统一标准、补贴目的不尽合理、补贴过程不完全透明、补贴资金使用监督不充分及补贴资金使用效率考评不够严格等问题。针对这些问题，笔者认为，应该依托“互联网+会计”优化营利性组织财政补贴，具体路径包括建立服务于政府营利性组织财政补贴的决策支持信息系统、将财政补贴决策指标体系植入决策支持信息系统、对补贴资金的使用进行全程实时监控和动态评价。加强营利性组织财政补贴监管制度的完善，具体应从以下几个方面着手：应当建立规范透明的政府补贴决策制度，通过引入竞争机制提高补贴的绩效；应当建立营利性组织财政补贴全流程审计制度，通过外部监管促进补贴资金决策程序的科学化和使用过程的高效率；贯彻营利性组织财政补贴信息披露制度，减少补贴流程中的信息不对称，防范逆向选择和道德风险。

CATALOG

目录

绪　论

一、研究背景与目的

（一）研究背景

财政补贴是政府财政支出的一种特殊形式，是国家为了某种特定需要而向营利性组织或居民提供的无偿补贴，其实质是使一部分纳税人的钱转移到另一部分人手中，进行利益的再分配。事实上，长期以来对营利性组织实施补贴就是各国政府为了实现其政治和经济目标而普遍采用的一种手段。Good job frist 研究机构（2002）的研究结果显示，过去几十年间沃尔玛在扩张过程中频繁得到州和市两级政府的补贴，其中，1990~2002 年沃尔玛从州和市政府获得了超过 12 亿美元的补贴，主要包括政府减免其部分税收、供其无偿使用土地、资助基础设施建设以及提供低成本的融资。同样，根据该机构 2007 年 6 月的研究结果，沃尔玛公司继续得到州和地方政府的经济发展补助，根据公开资料显示，2005~2007 年其获得的补助金额超过了 2 亿美元。

在中国，自 20 世纪 70 年代末实施政府分权改革以来，地方政府具有了财政收入分配权，营利性组织财政补贴逐渐成为地区发展的重要影响变量。各级政府以不同名目给予营利性组织财政补贴，这些名目包括科研补贴、节能减排补贴、产品推广补贴、搬迁补助资金、产业发展基金、上市费用补贴、税收优惠、减免银行利息等。而随着中国经济实力的增强和各级政府财政收入的增加，政府对营利性组织的补贴规模和涉及面也不断扩张。

第一，从补贴面来看，以相关文献对上市公司的统计为例，2002~2004 年，财政补贴分别为 439687. 5 万元、557598. 2 万元和 689018. 3 万元，享受

财政补贴的上市公司比例分别为 47.6%、42.9%和 40.9%（唐清泉、罗党论，2007）。2006～2008 年财政补贴总额分别为 436810.55 万元、1042593.62 万元、1025553.52 万元，占全部上市公司的比例分别为 49.04%、53.47%和 54.71%（吕久琴，2010）。2010 年我国 1570 家上市公司中有 1454 家获得了财政补贴，补贴范围高达 92.61%，补贴金额高达 464.4 亿元，平均每家上市公司获得补贴 3[illegible]87.09 万元（中国注册会计师协会，2010）。据《证券日报》市场研究中心数据统计显示，2012 年收到财政补贴的公司有 2316 家，占 A 股公司总数的 98.94%（《证券日报》市场研究中心，2013）。

第二，从财政补贴占行业净利润的比例来看，2012 年信息设备、电子和农林牧渔等三类行业的财政补贴力度最大，财政补贴占行业净利润的比例分别为 79.67%、41.31%和 34.42%。

第三，从单个公司享受的补贴来看，2012 年政府补贴前三名分别是重庆钢铁、东方航空和上汽集团。重庆钢铁获得补贴 20.02 亿元，东方航空获得补贴 17.20 亿元，上汽集团获得补贴 13.80 亿元。上汽集团 2011 年获得补贴额为 9.57 亿元，2012 年为 13.08 亿元，涨幅达 36.68%；海螺水泥 2011 年获得补贴为 6.49 亿元，2012 年获得补贴为 10.31 亿元，涨幅达 58.90%。

以上列举的数据说明，近年来，我国无论是财政补贴的覆盖面还是补贴金额，都呈扩大和加速趋势。那么，超过九成的上市公司为什么可以不断得到政府的支持，政府又为什么乐于将大笔补贴给予这些公司，这些财政补贴给予公司后如何使用，如何进行绩效考核，是否达到预期目的，是否有完善的监管制度安排等，对这一系列的问题需要进行全面深入的分析论证。这些重要问题也已经引起我国政府的高度重视，2012 年 9 月 21 日，财政部发布《预算绩效管理工作规划（2012～2015）》，要求推进重大民生支出项目和企业使用财政性资金绩效评价。可以看出，政府不仅给予营利性组织补贴，同时也越来越关注受补贴企业对补贴资金的使用效率，不断加大对其的监管力度。本书以此为契机，在委托代理理论、寻租理论、资源稀缺性理论、信息不对称理论、新公共管理理论等理论基础的指导下，以平衡计分卡为观察视角，确立营利性组织财政补贴绩效评价的关键评价点，通过大样本数据分析检验中国政府对营利性组织财政补贴的倾向性和经济绩效，为如何提高补贴资金的使用绩效，如何加强对财政补贴的规范和管理，以适应经济社会科学发展的要求提供有价值和深度的建议，从而避免财政补贴成为营利性组织的“免费午餐”，提高资源配置效率。

（二）研究目的

1. 对营利性组织财政补贴的相关研究成果进行全面梳理和总结

对营利性组织实施财政补贴在理论与实务上一直存在争议，一方面因为其积极作用而被各国及各级政府广泛采用，另一方面因为可能导致政府失灵和企业失灵而倍受诟病。因而对营利性组织财政补贴的研究一直是热度不减，也存在不同的研究结论。本书对营利性组织财政补贴的相关文献进行全面梳理，以便为后续研究提供指示性方向，推动营利性组织财政补贴研究的发展。

2. 通过大样本实证检验探究营利性组织财政补贴的关键性因素

营利性组织补贴是政府财政支出的一种特殊形式，是国家为了某种特定需要而向营利性组织或居民提供的无偿补贴，因此，营利性组织财政补贴不可能也不应该成为企业的“免费午餐”。那么政府在进行财政补贴资源配置时是否存在明显的倾向性？哪些因素是影响营利性组织财政补贴资源配置的关键性因素？本书将通过对大样本数据进行统计分析予以回答。

3. 构建营利性组织财政补贴绩效评价指标体系并进行大样本实证检验和应用示例

对营利性组织实施补贴的实质是使一部分纳税人的钱转移到另一部分人手中，进行利益的再分配。那么这种转移和再分配是否达到了政府预期的政治和经济目标，即财政补贴是否具有经济和社会绩效，就需要通过研究予以验证。本书的目标之一即通过经济学、管理学等理论基础和方法，构建营利性组织财政补贴绩效评价指标体系，借助大样本数据实证检验营利性组织财政补贴绩效，并示例评价指标体系如何应用。

4. 完善营利性组织财政补贴监管制度体系

财政补贴对营利性组织来说是一种稀缺资源，在各组织之间展开争夺在所难免。由于营利性组织与政府部门之间的信息不对称，资源配置前的逆向选择和资源配置后的道德风险始终存在。同时，资源配置主体也存在有限理性的制约，可能出现财政资源配置中的设租寻租现象。因此，必须对营利性组织财政补贴实施监管。营利性组织财政补贴监管制度的完善有其内在的规律和要求，在监管方式和手段上也应体现其特性，但目前此类专题文献非常稀缺，本书意在该方面进行探讨和研究，为决策部门加强营利性组织财政补贴监管提供有价值的意见和建议。

二、研究框架与方法

（一）研究框架

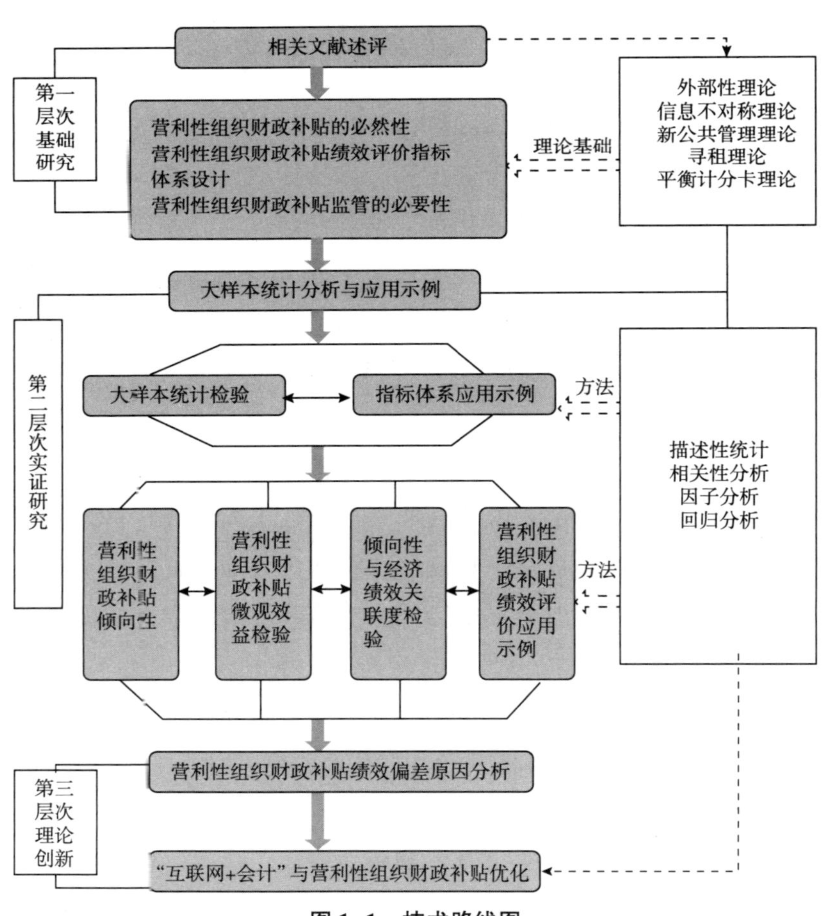

图 1-1　技术路线图

（二）研究方法

本书从选题特点和研究目的需要出发确立研究方法，遵循研究方法服务于研究对象的原则，运用规范研究和实证研究相结合的研究方法。

1. *多学科融合的规范研究方法*

本书以委托代理理论、寻租理论、信息不对称理论、公共管理理论、平衡计分卡理论等经济学与管理学的理论为指导，研究营利性组织财政补贴的影响因素及其绩效评价。之所以需要多学科的交叉研究，在于营利性组织财政补贴与企业高管背景、与一个地区的经济和法制环境、与企业的产权性质等都有着密切的关系，营利性组织能否获取财政补贴以及财政补贴使用过程和结果都是由各方面因素综合决定的，因此必须将经济学理论、管理学理论等融入营利性组织财政补贴的研究中，才能确保研究过程和结果具有坚实的理论指导，使最终的结果具有可靠性和政策参考价值。

2. *以档案数据为主的实证研究方法*

本书通过 CSMAR 数据库、金融界网站、巨潮资讯网等收集数据进行实证研究。对 2008~2011 年我国上市公司获取政府补贴进行统计描述；研究政府对营利性组织财政补贴的倾向性，如行业、规模、成长性、盈亏状况、所有制结构、董事会成员背景等是否是影响财政补贴的关键因素，进而评判政府对营利性组织实施财政补贴的目的与财政资源配置的一致程度；研究上市公司获取政府补贴的绩效，包括企业微观绩效、企业内部流程改善程度、企业学习与成长能力和宏观社会绩效。在实证研究过程中主要采用 Excel 和 Stata15. 0 进行数据处理。

总之，在研究过程中，本书注重将规范研究与实证研究结合运用，尽量避免规范部分与实证部分联系松散的弊端，使规范的理论研究阐释现实现象，实证的证据支持理论创新，从而使规范研究和实证研究两种方法共同为完成研究任务服务。

三、研究意义

（一）理论意义

随着各级政府财政实力的增强，政府对企业的各类补贴也越来越多，每年都有若干公司获得多则数亿元、少则几千万的补贴资金。这些公共资源由营利性组织使用是否具有必然性和倾向性，应该产生哪些效应，如何进行绩效评价，引起理论研究的重视。因此本书研究具有理论开拓性，具体体现在以下两个方面：

1. 可以从理论上理清营利性组织财政补贴的一般规律和要求

营利性组织财政补贴作为一种资源配置，涉及政治、经济、社会等各方面的问题，存在内在的规律性，需要从不同的角度在理论上进行剖析和挖掘，深入认识其必然性和倾向性，并总结出营利性组织财政补贴的一般规律和要求。

2. 可以为营利性组织财政补贴全流程监管和绩效评价提供理论支撑

营利性组织财政补贴是否需要全流程监管和绩效评价，应该如何进行全流程监管和绩效评价，目前还未有高度一致的认识，导致实践操作诸多不力。本书的研究力争在理论上论证营利性组织财政全流程监管和绩效评价的必要性及其内在机理，为实践中制定营利性组织财政补贴全流程监管制度和绩效评价指标体系提供理论支持。

（二）实践价值

本书的实践价值主要体现在为政府加强营利性组织财政补贴全流程监管和绩效评价提供具有可操作性的实践手段及政策建议，具体体现在以下三个方面：

1. 为营利性组织财政补贴绩效评价提供具有可操作性的指标体系

通过财政补贴形式将社会公共资源交付营利性组织使用，其产生的就业机会、财政收入、经济增长、环保投入与支出、社会捐赠、能源节省等是否大于政府直接支配该部分资源所提高的整体社会福利，政府对营利性组织实施财政补贴的政策目的是否达到，应该运用相应指标进行衡量，本书就是基于理论研究的基础上设计具有可操作性的指标体系。

2. 为政府制定对营利性组织财政补贴监管提供建议

目前，营利性组织财政补贴存在的主要问题：一是在补贴资金配置过程中还存在一定的寻租设租问题，未能按照帕累托最优原则配置资源；二是对补贴资金的使用过程和结果存在监督和考核不力现象，从而使补贴资金成为部分企业的“免费午餐”，其结果不仅导致补贴资金使用效率低下，而且破坏市场经济的公平竞争原则。通过现象所反映出的本质问题是营利性组织财政补贴领域法律法规的不健全和监管制度的缺失。本书研究如何构建营利性组织财政补贴监管制度，为政府部门加强对营利性组织财政补贴监管提供参考。

3. 设计具有可操作性的全流程监管制度安排

财政补贴的实质是使得一部分纳税人的钱转移到另一部分人手中，导致利益再分配。目前由于财政补贴法制尚不健全，监管不完全到位，绩效考评未全面实施，导致企业财政补贴资源配置中存在寻租设租现象，财政补贴成为企业争夺的“免费午餐”，甚至滋生贪污腐败，降低了资源配置效率。本书以营利性组织作为突破口研究如何通过正式制度安排将绩效管理常态化，将为政府部门制定企业财政补贴绩效管理制度提供决策参考。营利性组织财政补贴涉及补贴资金的配置预算、申请、审批、划拨、使用、考核等多个环节，资金主管部门、审计部门、税务部门、财政部门等都有权力对营利性组织财政补贴的实施过程进行监管，各部门在监管对象、监管环节、监管重点、监管目的等多方面必然存在职能交叉问题，不仅造成了资源浪费，也影响了营利性组织正常经营，因此凸显了建立一套高效可行的监管制度的重要性。

四、研究创新

（一）绩效评价指标体系设计上的创新性

本书借鉴平衡计分卡绩效评价的理念和指标维度，设计了一套包含社会维度、财务维度、内部经营流程维度、学习与成长维度四个维度的指标体系，力求全方位、客观反映财政补贴资源配置绩效，这在国内外同类研究中属于创新。

（二）监管制度设计上的创新性

本书针对实证研究发现的问题，提出了在“互联网+会计”基础上实施财政补贴全流程监管的观点，并论证了其科学性和可操作性，对完善营利性组织财政补贴监管，提高资源配置绩效具有创新性。

（三）研究范式上的创新性

我国现有文献对营利性组织财政补贴的研究主要以规范研究为主，少量采用实证研究方法。本书以规范研究设计指标，以实证研究检验通用绩效指标，以应用示例形式分析指标体系在特殊行业的运用，整个研究框架相辅相成，有点有面，是研究范式上的创新。

第一章 01

营利性组织财政补贴研究回顾

第一节

我国财政体制改革历程回顾

新中国成立以来，在由计划经济走向市场经济的过程中，政府在权利配置上经历了由集权到分权的过程，在此过程中各级政府获得了更大的财政权力，包括税收自主权和经济管理权。分权的结果是各级政府对发展本地经济的积极性被调动了起来，同时争夺竞争资源的动机也随之产生。随着市场经济的逐步建立，市场和地区之间的竞争也在加剧。这一方面为了实现地区利益最大化，争取到更多处于不断流动中的资源，各级政府有足够的动因建立市场、改善市场环境；另一方面为了增强本地公司竞争能力，保护和强化地区利益，也可能导致各级政府干预市场，给予本地公司支持。所以，我国营利性组织财政补贴的发展历程与我国财政管理体制改革的历程是完全契合的，大致可以分为六个阶段，即1949~1979年的高度计划经济体制时期，1980~1994年的“放权让利”时期，1994~1998年的“分税制”改革时期，1998~2003年的“税费改革”时期，2003~2012年建立和完善公共财政体制时期，中共十八大以来建立现代财政制度时期。

一、1949~1979年的高度计划经济体制时期

这一时期由于是高度集权的政治体制和经济体制，企业的产权性质以国有产权占绝对优势，几乎所有企业的资本均为国家投资，企业亏损由国家承担，企业盈利向国家上缴，地方政府收支与地方经济发展之间的联系被割裂，地方政府并没有独立的经济利益，对本地区经济增长的关注程度也不高。所以，这一时期基本不存在现代意义上的营利性组织财政补贴。

二、1980~1994年的“放权让利”时期

中国自1978年以来的经济体制改革是从分配领域入手的。最初确定的

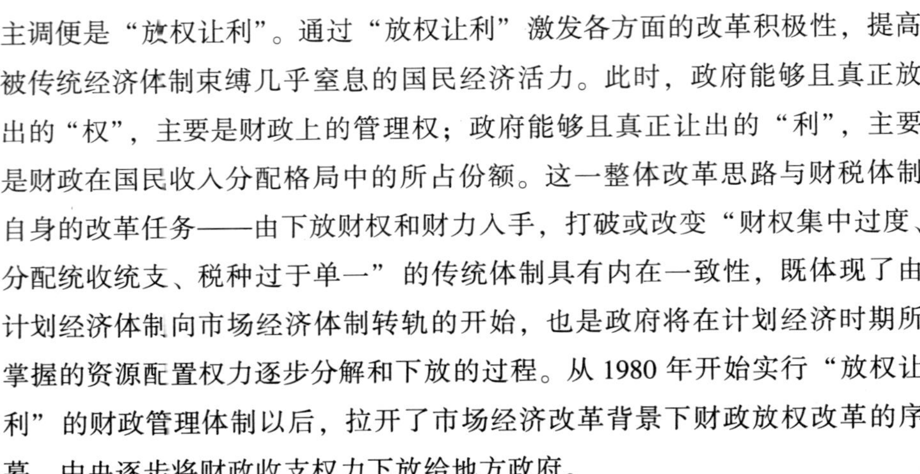

主调便是“放权让利”。通过“放权让利”激发各方面的改革积极性，提高被传统经济体制束缚几乎窒息的国民经济活力。此时，政府能够且真正放出的“权”，主要是财政上的管理权；政府能够且真正让出的“利”，主要是财政在国民收入分配格局中的所占份额。这一整体改革思路与财税体制自身的改革任务——由下放财权和财力入手，打破或改变“财权集中过度、分配统收统支、税种过于单一”的传统体制具有内在一致性，既体现了由计划经济体制向市场经济体制转轨的开始，也是政府将在计划经济时期所掌握的资源配置权力逐步分解和下放的过程。从 1980 年开始实行“放权让利”的财政管理体制以后，拉开了市场经济改革背景下财政放权改革的序幕，中央逐步将财政收支权力下放给地方政府。

（一）“放权让利”财税体制改革的路径

1. 在中央与地方之间的财政分配关系上，实行“分灶吃饭”

从 1980 年起，先后推出了“划分收支、分级包干”“划分税种、核定收支、分级包干”以及“收入递增包干、总额分成、总额分成加增长分成、上解递增包干、定额包干、定额补助”等多种不同的体制模式。

2. 在国家与企业之间的分配关系上，实行“减税让利”

从 1978 年起，先后推出了企业基金制、利润留成制、第一步利改税、第二步利改税、各种形式的盈亏包干制和多种形式的承包经营责任制等制度。

3. 在税收建设制度上，着眼于实行“复税制”

从 1980 年起，通过建立涉外税制、建立内资企业所得税体系、全面调整工商税制、建立个人所得税制、恢复和改进关税制度、完善农业税等方面的改革，改变了原来相对单一化的税制格局，建立起了一套以流转税、所得税为主体，其他税种相互配合的多税种、多环节、多层次征收的复税制体系。

（二）“放权让利”财税体制改革的效果

在财税体制深入改革的同时，也伴随着其他领域的改革。各领域改革过程中均在计划经济体制的惯性推动下依赖政府给予“财力保障”。所以，政府以大量的财政支出为企业铺路，配合并支撑了价格、工资、科技、教育等相关领域的改革举措的出台。

上述这些改革举措，对于换取各项改革举措的顺利出台和整体改革的平稳推进发挥了奠基性的作用。然而，无论放权还是让利，事实上，都是以财政上的减收、增支为代价的。主要由财税担纲的以“放权让利”为主调的改革，却使中央财政收支运行自身陷入了不平衡的困难境地。

这种困难表现在，一方面，伴随着各种“放权让利”举措的实施，财政收入占 GDP 的比重数字和中央财政收入占全国财政收入的比重数字迅速下滑：前者由 1978 年的 31.1%相继减少到 1980 年的 25.5%、1985 年的 22.2%、1990 年的 15.7%和 1993 年的 12.3%。后者则先升后降，1978 年为 15.5%，1980 年为 24.5%，1985 年为 38.4%，1990 年下降为 33.8%，1993 年进一步下降至 22.0%。另一方面，财政支出并未随之下降，反而因“放权让利”举措的实施而出现了急剧增加（如农副产品购销价格倒挂所带来的价格补贴以及为增加行政事业单位职工工资而增拨的专款等）。从 1978 年至 1993 年，财政支出由 1122.09 亿元一路增加至 4642.20 亿元，15 年间增加了 2.1 倍，年均增加 21%。

从 1979 年至 1993 年，除了 1985 年财政收支略有结余之外，其余年份均出现财政赤字，且呈逐年加大之势：1981 年为 68.9 亿元，1990 年上升至 146.9 亿元，到 1993 年则扩大至 293.35 亿元。若按国际通行做法，将当年的债务收入纳入赤字口径，则 1993 年的财政赤字水平实为 978.58 亿元。从 1979 年起，政府恢复了中断长达 20 年之久的外债举借。1981 年，又开始以发行国库券的形式举借内债。后来，又先后发行了重点建设债券、财政债券、国家建设债券、特别国债和保值公债。1993 年，国家财政的债务发行收入规模已经达到 739.22 亿元。此时以中央财政债务依存度（债务收入/中央财政本级支出+中央财政债务支出）而论，已经达到 59.63%的国际罕见水平。这意味着，当年中央财政本级支出中的一半以上要依赖于举债或借款收入来解决。

“放权让利”将地方政府推入到了财政利益分配的主战场，一方面地方政府利益的介入和地区间竞争财政分权制改革的实质是加强了地方政府的权力和责任，增强了地方政府追求区域经济利益的动机和意识（张军洲，

1995）；另一方面导致中央政府和地方政府之间的关系发生了很大的变化，地方政府成为拥有独立经济利益的政治组织，它可以在一定程度上支配财政收入并负担相应的财政支出责任，因而具有了十分明确且相对独立的经济利益和行为目标，即追求地方经济利益的最大化（刘汉屏等，2003）。地方经济利益最大化的追求目标驱动地方政府对本地区的营利性组织实施各种名目的财政补贴。与此同时，在财政运行机制上也出现了颇多的混乱现象。诸如擅自减免税、截留挪用财政收入、花钱大手大脚、搞财政资金体外循环、非财政部门介入财政分配等问题相当普遍，随处可见。

作为“两个比重”数字迅速下降并持续偏低、财政支出迅速增长以及财政运行机制陷于紊乱状态的一个重要结果，不仅财政赤字逐年加大，债务规模日益膨胀，而且，中央财政面临的困难已经达到了难以担负宏观调控之责的空前水平。财税体制改革呼唤新思路。

三、1994~1998 年的“分税制”改革时期

面对如此困难的境况，决策部门意识到“放权让利”的改革不可持续，财税改革重大调整的方向应是由侧重于利益格局的调整转向新型体制的建立。1992 年 10 月，中共十四大正式确立了社会主义市场经济体制的改革目标，1993 年 11 月召开的中共十四届三中全会又通过了《中共中央关于建立社会主义市场经济体制若干问题的决定》。从 1994 年起，以建立适应社会主义市场经济的财税体制为着眼点，中国的财税体制改革踏上了制度创新之路。

（一）“分税制”财税体制改革的重大措施

1. 搭建新型的税收制度体系

按照“统一税法、公平税负、简化税制和合理分权”的原则，通过建立以增值税为主体、消费税和营业税为补充的流转税制，统一内资企业所得税、建立统一的个人所得税制、扩大资源税的征收范围、开征土地增值税以及确立适应社会主义市场经济需要的税收基本规范等一系列行动，全面改革税收制度，搭建了一个新型的税收制度体系。

2. 建立分税制财政管理体制基本框架

在根据中央和地方事权合理确定各级财政支出范围的基础上，按照税种统一划分中央税、地方税和中央地方共享税，建立中央税收和地方税收体系，分设中央税务机构和地方税务机构，实行中央对地方税收返还和转移支付制度，建立了分税制财政管理体制基本框架。

3. 全面改革国有企业利润分配制度

根据建立现代企业制度的基本要求，在降低国有企业所得税税率，取消能源和交通重点建设基金和预算调节基金的同时，实行国有企业统一按国家规定的33%税率依法纳税，全面改革国有企业利润分配制度。

4. 斩断财政赤字与通货膨胀之间的必然联系

彻底取消向中央银行的透支或借款，财政上的赤字全部以举借国债方式弥补，从制度上斩断财政赤字与通货膨胀之间的必然联系。

（二）“分税制”改革的效果

与此前的财税体制相比，此阶段是一个很重要的转折。在此之前所推出的财税体制改革举措，多是围绕利益格局的调整而展开的，而且，也是在整体改革目标定位尚待明晰的背景下而谋划的。这次改革的显著不同之处，就在于它突破了以往“放权让利”思路的束缚，走上了转换机制、制度创新之路。从重构适应社会主义市场经济体制的财税体制及其运行机制入手，在改革内容与范围的取舍上，既包含利益格局的适当调整，更注重新型财税体制的建立，着重财税运行机制的转换，初步搭建起了适应社会主义市场经济体制的财税体制及其运行机制的基本框架。

分税制改革使中央与地方的分权关系实现法制化，此后的中国才开始出现较为严格意义上的财政分权体制，中央对地方的调控方式从行政命令为主过渡到以经济手段为主。财政分权水平越高意味着地方政府被赋予更大的财政决策权力，因而在对本地经济发展路径选择上享有更多的自主权。分税制改革后，地方政府主要承受了两个方面的压力：一是由于割断了地方政府收入与“支出需求”的联系，硬化了地方政府的预算约束，增大了财政支出的压力；二是地方政府之间从计划经济时的“兄弟关系”过渡为两个相对独立的经济主体的关系，且地方政府官员积极参与晋升博弈，使地方政府之间面临“非进即退”的竞争压力。这两个压力对地方政府形成很强的行为激励，使地方政府不得不通过各种途径扩大收支规模，客观上表现为以不同的方式介入地区经济发展，各地区也因此而不同程度地呈现出“地方政府主导型”的转型经济模式（王文剑、覃成林，2007）。“地方政府主导型”的转型经济模式的表现形式是：地方政府更多地运用财政补贴形式对当地经济进行调控、引导和干预，对营利性组织的财政补贴运用得越来越普遍。

四、1998~2003年的“税费改革”和建立公共财政体制时期

1994年以来的财税改革，固然使中国财税体制走上了制度创新之路，但并没有解决问题的全部。因为，1994年财税改革所覆盖的只是体制内的政府收支，游离于体制之外的政府收支则没有进入视野，而且，1994年财税改革所着眼的，也主要是以税制为代表的财政收入一翼的制度变革，至于另一翼——财政支出的调整，虽有牵涉，但并未作为重点同步进行。与此同时，既得利益的掣肘加之财政增收的动因，也在一定程度上束缚了改革的手脚，使得一些做法带有明显的过渡性或变通性色彩。

随着1994年财税改革成果的逐步释放，蕴含在游离于体制之外的政府收支和财政支出一翼的各种矛盾便日益充分地显露出来，并演化为困扰国民收入分配和政府收支运行过程的“瓶颈”。20世纪90年代后期，以规范政府收支行为及其机制为主旨的“税费改革”以及财政支出管理制度的改革，随后进入中国财税体制改革的中心地带并由此将改革带上了财税体制整体框架的重新构造之路，构建公共财政体制框架。

（一）“税费改革”和建立公共财政体制的主要措施

1998年3月19日，朱镕基总理在当选之后举行的首次记者招待会上说了一段颇具震撼力的话：“目前存在的一个问题是费大于税。很多政府机关在国家规定以外征收各种费用，使老百姓不堪负担，民怨沸腾，对此必须进行改革。”以此为契机，中国拉开了“税费改革”的序幕。

实际上，在全国性的“税费改革”正式启动之前，各地已经有过治理政府部门乱收费的尝试。最初的提法是所谓的“费改税”。其主要的初衷，是通过将五花八门的各种收费改为统一征税的办法来减轻企业和居民的负担。后来，随着改革的深入和视野的拓宽，人们逐渐发现，现存政府收费的种种弊端，并非出在政府收费本身。现存的、被称为政府收费的大量项目，既未经过人民代表大会的审议，又基本不纳入预算，而是由各部门、各地区自立规章，作为自收自支的财源，归入预算外收入或进入制度外收入，直接装入各部门、各地区的“小金库”。因而，它实质是一种非规范性的政府收入来源。“费改税”的目的，显然不是要将本来意义上的政府收费统统改为征税，而是以此为途径，将非规范性的政府收入纳入规范化轨道。于是，“费改税”开始跳出“对应调整”的套路而同包括税收在内的整个政府收入的安排挂起钩来。也正是在这样的背景下，“费改税”一词为“税费改革”所取代，进而被赋予了规范政府收入行为及其机制的特殊意义。

在“税费改革”日渐深入并逐步取得成效的同时，财政支出一翼的改革也在紧锣密鼓地进行中。先后进入改革视野的有：财政支出结构由专注于生产建设领域逐步扩展至整个公共服务领域的优化调整；推行以规范预算编制和分类方法、全面反映政府收支状况为主要着眼点的“部门预算制度”；实行由财政（国库）部门集中收纳包括预算内外收入在内的所有政府性收入，且由国库单一账户集中支付政府部门所有财政性支出的“国库集中收付制度”；推进将政府部门的各项直接支出逐步纳入向社会公开竞价购买轨道的“政府采购制度”。

（二）“税费改革”和建立公共财政体制的实施效果

无论是财政支出一翼的调整，还是以“税费改革”为代表的收入另一翼的变动，所涉及的，终归只是财税体制及其运行机制的局部而非全局。当分别发生在财政收支两翼的改革的局限性逐渐凸显出来之后，人们终于达成了如下共识：零敲碎打型的局部调整固然重要，但若没有作为一个整体的财税体制及其运行机制的重新构造，并将局部的调整纳入整体财税体制及其运行机制的框架之中，就不可能真正构建起适应社会主义市场经济的财税体制及其运行机制。于是，将包括收入、支出、管理以及体制在内的所有财税改革事项融入一个整体的框架之中，并且，作为一个系统工程加以推进，便被提上了议事日程。在当时，人们也发现，能够统领所有的财税改革线索、覆盖所有的财税改革事项的概念，除了公共财政之外，还找不到任何其他别的什么词汇担当此任。于是，以 1998 年 12 月 15 日举行的全国财政工作会议为契机，决策层做出了一个具有划时代意义的重要决定：构建中国的公共财政基本框架。正是从那个时候起，作为整个财税体制改革与发展目标的明确定位，带有整体改革布局性质的公共财政框架的构建，正式进入财税体制改革的轨道。

五、2003~2012 年建立和完善公共财政体制时期

（一）完善公共财政体制的主要表现

正如社会主义市场经济体制要经历一个由构建到完善的跨越过程一样，伴随着以构建公共财政基本框架为核心的各项财税体制改革的稳步推进，财税体制改革也逐渐步入深水区而面临进一步完善的任务。在时隔五年之后，2003 年 10 月，中共十六届三中全会召开并通过了《中共中央关于完善社会主义市场经济体制若干问题的决定》（以下简称《决定》）。在此次会议上以及此份重要文献中，根据公共财政体制框架已经初步建立的判断，提出了进一步健全和完善公共财政体制的战略目标。认识到完善的公共财政体制是完善的社会主义市场经济体制的一个重要组成部分，将完善公共财政体制放入完善社会主义市场经济体制的棋盘，从而在两者的密切联系中谋划进一步推进公共财政建设的方案，也就成了题中应有之义。以此为契机，中国的财税体制改革又开始了旨在进一步完善公共财政体制的一系列操作。

最先进入操作程序的，首推新一轮税制改革。在《决定》的第二十条中，新一轮税制改革的内容被概括为如下八个项目：改革出口退税制度；统一各类企业税收制度；增值税由生产型改为消费型，将设备投资纳入增值税抵扣范围；完善消费税，适当扩大税基；改进个人所得税，实行综合和分类相结合的个人所得税制；实施城镇建设税费改革，条件具备时对不

动产开征统一的物业税，相应取消有关收费；在统一税政前提下，赋予地方适当的税政管理权；创造条件逐步实现城乡税制统一。从 2003 年 10 月《决定》通过至 2012 年，已经先后有出口退税制度的改革、个人所得税的改进、取消农业税、增值税由生产型转为消费型改革、统一各类企业税收制度、内外资企业所得税法合并等几个领域得以启动实施或进入试点阶段，标志着新一轮税制改革已经进入实质操作期。

与此同时，财政支出以及财政管理制度线索上的改革也进入了操作期。对此，《决定》的第二十一条描绘了如下一幅蓝图：健全公共财政体制，明确各级政府的财政支出责任；进一步完善转移支付制度，加大对中西部地区和民族地区的财政支持；深化部门预算、国库集中收付、政府采购和收支两条线管理改革；清理和规范行政事业性收费，凡能纳入预算的都要纳入预算管理；改革预算编制制度，完善预算编制、执行的制衡机制，加强审计监督；建立预算绩效评价体系、实行全口径预算管理和对或有负债的有效监控；加强各级人民代表大会对本级政府预算的审查和监督。

（二）完善公共财政体制的效果

与以往发生在这些事项上的改革有所不同，这一轮的改革适逢科学发展观和构建社会主义和谐社会重大战略思想的提出，故而，在全面落实科学发展观和构建社会主义和谐社会的棋盘上推进财税体制改革，并在两者密切联系中谋划财税体制改革的方案，也就成为一种必然选择。

应当说，在上述的这些方面，我们已经获得了重要进展：公共财政开始了逐步覆盖农村的进程；财政支出越来越向以教育、就业、医疗、社会保障和住房为代表的基本民生事项倾斜；围绕推进地区间基本公共服务均等化，加大了财政转移支付的力度并相应调整了转移支付制度体系；以实行全口径预算管理和政府收支分类改革为抓手，强化了预算监督管理，进一步推进了政府收支行为及其机制的规范化；等等。

六、中共十八大以来建立现代财政制度时期

2012 年 11 月 8 日，中国共产党第十八次全国代表大会在北京召开。财

政是国家治理的基础和重要支柱，科学的财税体制是优化资源配置、维护市场统一、促进社会公平、实现国家长治久安的制度保障。中共十八届三中全会《中共中央关于全面深化改革若干重大问题的决定》（以下简称《深化改革决定》）共提出336项改革任务，其中财政部门作为牵头单位的有76项，作为参加单位的有129项，财税改革的重要性由此可见一斑。2014年6月30日，中共中央政治局审定通过了《深化财税体制改革总体方案》，明确了财税改革的时间表与路线图，2016年将完成重大工作与任务，2020年基本建立现代财政制度。中共十八大为未来财政体制建设描绘了清晰的蓝图。

（一）现代财政制度的主要内容

1. 所有政府收入将纳入预算管理，部门财力成为“过去时”

未来财政将设立“四本预算”，即一般公共预算、社会保障预算、国有资本经营预算和政府性基金预算，绝大部分现在由部门掌握的收入都将陆续纳入预算管理，即使不在这四本预算之内的一些特殊收入，也将逐渐走向管理规范化和信息公开化。更重要的是，这些资金将与相应的执收执罚部门完全脱离联系，各部门不可能继续保有对这些资金的实际支配权，所需支出缺口将转由公共财政体系提供。

2. 编制中长期预算将成为常态，部门工作计划性大大提升

过去和当前，我国预算管理执行的是“一年预算、预算一年”。这种管理方式不仅给年终突击花钱提供了口实，而且不利于各部门制定、实施中长期工作计划和政策目标，影响了政府部门的工作绩效。对此，《深化改革决定》提出要建立跨年度中期预算，在财政部门的大力推动下，中期预算要于2015年进入实施阶段。这意味着，今后各部门要制定至少3年期的计划与政策，并合理分解到各个年度，进而据此向财政部门提出预算申请。这对各个部门的工作方式、工作安排、资金使用管理方式将产生重大影响，促使各部门加强相关政策研究、趋势预测，进一步提高工作的科学性与计划性。

3. 绩效预算从局部走向全面，财政审计与问责从弱到强

跨年度预算管理之下，必然会同时赋予各部门一定的资金调剂权，在满足一定条件的情况下，“打酱油的钱可以用于打醋”。但与此同时，绩效

预算将从局部走向全面，一方面所有的项目资金都将被纳入绩效管理，另一方面绩效管理的主体将由财政部门更多地转向各部门自身，后者要提出本部门的绩效管理目标、实施路径以及绩效评估的具体方法等，管理责任较以往有所加重。另外，绩效结果将在更大范围内使用，比如与下一周期的预算申请相联动，不排除在某种时期会向社会公开各政府部门的绩效信息。根据国务院批转的财政部《权责发生制政府综合财务报告制度改革方案》的要求，以后各部门每年都要向财政部门提交财务报告，接受审计、公开信息，并对不良管理承担责任，审计部门也已调整了内设机构以应对未来加大财政审计的需要。因此，未来一个时期，各部门将面临经常性、严格的财政审计，对审计中发现的违纪、违法问题，也很难止于现在的“点到即止”，财政问责系列制度将陆续走上前台。

4. 税收增长有所放缓，但不会出现“断崖式”下降

随着我国经济进入新常态，税收的增长速度将有所下降，以往那种每年10%~20%的高增长将成为过去时。但是，综合考虑我国经济的成长韧性与税收征管方面的巨大空间，税收收入并不会出现“断崖式”下降，5%~8%的年增长率仍然是可以预期的。随着对各类费、各类基金的清理归并，税收收入在地方政府收入结构中的比重将明显上升。

5. 税收制度将进行结构性调整，间接税下降，直接税上升

新一轮财税改革下，税收方面的重大变化将主要体现在税制结构性调整上面。调整的方向有两个：一是降低间接税比重、增加直接税比重；二是将主要从生产经营等“前端”环节征税转向收入、消费、财富等“后端”环节征收。具体而言，“营改增”将于2015年全面完成，此后营业税将彻底退出历史舞台，有“中性税”“良税”之称的增值税将承担扛鼎重任。消费税将进行重大调整，除了征收范围之外，征收环节将由生产、进口改为零售环节征收。致力于保护生态、促进节能减排的环境税将于2017年出台。个人所得税将进一步改革，向“广覆盖”“较低税率”和“以家庭为计征单位”的方向变化。综合各方面的情况来看，遗产与赠予税开征只是时间与方式问题。

6. 税收管理将更加重视个人，税收优惠受到严格管控

长期以来，我国的税收征管制度主要是针对企事业单位的，对于个人

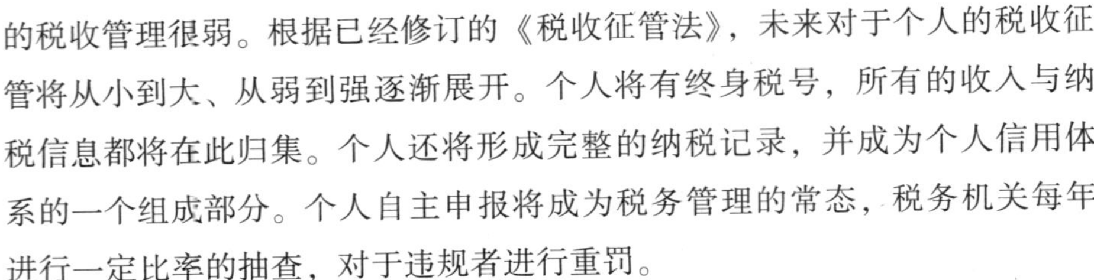

的税收管理很弱。根据已经修订的《税收征管法》，未来对于个人的税收征管将从小到大、从弱到强逐渐展开。个人将有终身税号，所有的收入与纳税信息都将在此归集。个人还将形成完整的纳税记录，并成为个人信用体系的一个组成部分。个人自主申报将成为税务管理的常态，税务机关每年进行一定比率的抽查，对于违规者进行重罚。

（二）现代财政制度的初步成效

从 2012 年 11 月中共十八大以来到 2018 年 3 月中共十三届全国人大一次会议召开，五年来全国人民在以习近平同志为核心的党中央坚强领导下，以马克思列宁主义、毛泽东思想、邓小平理论、“三个代表”重要思想、科学发展观、习近平新时代中国特色社会主义思想为指导，全面深入贯彻中共十九大和十九届二中、三中全会精神，贯彻中共基本理论、基本路线、基本方略，坚持和加强中共全面领导，坚持稳中求进工作总基调，坚持新发展理念，紧扣我国社会主要矛盾变化，按照高质量发展的要求，统筹推进“五位一体”总体布局和协调推进“四个全面”战略布局，坚持以供给侧结构性改革为主线，统筹推进稳增长、促改革、调结构、惠民生、防风险各项工作，大力推进改革开放，创新和完善宏观调控，推动质量变革、效率变革、动力变革，特别在打好防范化解重大风险、精准脱贫、污染防治的攻坚战方面取得扎实进展，引导和稳定预期，加强和改善民生，促进经济社会持续健康发展。中共十三届全国人大一次会议期间李克强总理代表国务院向大会做政府工作报告，从报告内容中可以清楚地看出此阶段财政体制改革取得的巨大成就。

1. 坚持实施积极的财政政策和稳健的货币政策

在财政收支矛盾较大情况下，着眼“放水养鱼”、增强后劲，大幅减税降费。分步骤全面推开“营改增”，结束了 66 年的营业税征收历史，累计减税超过 2 万亿元，加上采取小微企业税收优惠、清理各种收费等措施，共减轻市场主体负担 3 万多亿元。加强地方政府债务管理，实施地方政府存量债务置换，降低利息负担 1.2 万亿元。

2. 调整财政支出结构，盘活沉淀资金，保障基本民生和重点项目

财政赤字率一直控制在 3%以内。货币政策保持稳健中性，广义货币

M2 增速呈下降趋势，信贷和社会融资规模适度增长。采取定向降准、专项再贷款等差别化政策，加强对重点领域和薄弱环节支持，小微企业贷款增速高于各项贷款平均增速。

3. 改革完善汇率市场化形成机制，保持人民币汇率基本稳定，外汇储备转降为升

妥善应对“钱荒”等金融市场异常波动，规范金融市场秩序，防范化解重点领域风险，守住了不发生系统性风险的底线，维护了国家经济金融安全。在财力紧张的情况下，持续加大民生投入。全面推进精准扶贫、精准脱贫，健全中央统筹、省负总责、市县抓落实的工作机制，中央财政五年投入专项扶贫资金 2800 多亿元。

4. 民生问题得到实质性改善

居民基本医保人均财政补助标准由 240 元提高到 450 元，大病保险制度基本建立，已有 1700 多万人次受益，异地就医住院费用实现直接结算，分级诊疗和医联体建设加快推进。持续合理提高退休人员基本养老金。提高低保、优抚等标准，完善社会救助制度，近 6000 万低保人员和特困群众基本生活得到保障。建立困难和重度残疾人“两项补贴”制度，惠及 2100 多万人。

第二节

国内外文献对财政补贴的理论研究

财政补贴作为一种公共资源的再分配，历来是各方关注的焦点，学者们从财政补贴的定义、分类、性质、动机、经济后果等多个角度进行了考察，但因为依据的理论基础不同，研究者占据的位置不同，财政补贴的制度环境和国家经济发展水平不同，各国学者近年来得出的结论也各不相同，甚至截然相反。国外研究政府财政补贴比较早，20 世纪 90 年代以前的文献侧重从理论方面的研究，90 年代后普遍使用实证研究方法。

一、财政补贴的定义

说到财攻补贴，一般人所能想到的是粮价补贴、烧煤补贴、副食品价格补贴、房租补贴等。在政府的文献中，除了以上几项，还包括国家购销价差补贴、农业生产资料补贴、企业亏损补贴和进出口补贴等。经济学研究者们大都不满足政府文献中所列的那些项目和数字。普遍的看法是，政府公布的项目远不能概括它们实际进行的补贴活动，财政补贴的规模因而也被缩小了。无论东方国家还是西方国家，情况莫不如此。基于这一认识，很多研究者都深入剖析了政府在各种形式下向微观经济主体转移财政资金的活动，对于财政补贴的定义，也从不同的角度进行。

（一）西方国家对财政补贴的定义

1. 早期关于财政补贴的定义

最早从经济学角度对财政补贴论述的是马克思的《哥达纲领批判》，其对国民收入的分配从全社会的初次分配到财富的再分配进行了详细的描述，已然初步涉及了整个社会的生产层面和生活层面，勾勒出政府财政补贴的雏形。福利经济学领域庇古将财政补贴定义为实现社会福利最大化的工具。

2. 《国民经济核算体系》对财政补贴的定义

西方国家的政府文件中有较多财政补贴的定义，但是西方各国的定义彼此间存在着差异，从它们的主要内容和理论基础来看，则都与联合国经济和社会事务部统计处编的《国民经济核算体系》（SNA）所做的定义有关。

在《国民经济核算体系》中，补贴被定义为“政府对生产者的现期转移”，并且从国民经济核算的角度来看，有下述等式成立：

补贴=按要素收入计算的国内生产总值-按购买者价值计算的国内生产总值+间接税

同时，《国民经济核算体系》一书对补贴所包括的内容也作了如下的详细说明：“津贴包括现期账户上私营产业部门从政府取得的一切补助金。从它们进行的基础来考虑，这些是转移，代表生产者现期生产收入上的附加。例如，补助金可以以所生产的、所出口的或所消费的商品数额或价值，生产中使用的劳动力或土地，或者组织和经营生产的情况为基础。政府当局为投资目的或为补偿破坏、损毁及其他资本和流动资产损失而对私营产业部门的转移则归入资本转移而不作为津贴。”“津贴也包括现期账户上政府给予政府公司的一切补助，例如，补偿营业亏损（负的营业盈余）。至于政府企业现期账户上的转移，在它显然是政府要把价格维持在企业收益不能补偿其现期生产成本水平上的政策的结果时，应该按津贴处理。”此处的津贴即为本书研究的财政补贴。

显然，《国民经济核算体系》一书中定义的财政补贴更贴近本书所研究的营利性组织财政补贴。如果将它作为一个关于财政补贴的普适性定义，则还存在明显的不足，因为：

（1）在界定财政补贴范围上存在不足。它只把现期账户上私营产业部门和政府公司从政府取得的补贴包括在内，而把现期账户上政府给予居民户的补贴排除在外，显然缩小了政府补贴的数字。例如，政府为了刺激住宅建设的发展，一般可采取两种补贴方式：给建筑商补贴，或者给消费者补贴（规定只能用于购买住宅或支付租金）。根据 SNA 的定义，前者可称为补贴，后者却不能纳入补贴范围，尽管在两种方案中政府支出的资金数额及其经济影响基本相同。如果用 SNA 的定义来核算中国的粮食补贴，政府支付给粮食生产和收购部门的补贴是财政补贴，支付给消费者的粮贴就不是补贴。从实际情况来看，SNA 定义的不适当是显而易见的。这里存在一个理论原则的差别。在财政学理论中，从经济影响角度来给财政支出分类（财政收入的分类亦然），基本的原则是，首先考虑各类支出的资源配置和再分配效果的异同，其次再考虑财政资金的直接接受者究竟是企业还是居民户。这样做，便于人们准确把握财政支出对国民经济运行的影响。至于国民经济核算体系，它的首要目的是刻画国民经济中各经济变量的流程，人们固然可以根据它来进行理论研究、经济预测、计划编制和政策制定，但在进行很多具体的理论研究和政策分析时，它所提供的分析结构则略显粗略，有时甚至是不甚适用的。

（2）在计量财政补贴方法上存在不足。即使只考虑现期账户上政府给予企业的补贴，《国民经济核算体系》一书中财政补贴的定义也不完全。首先，它是按净额计量，即政府提供给企业的补贴净额。既为净额，就意味着有各种形式的抵销存在。在净额水平上度量补贴，就有可能将一些真实情况掩盖了。例如，一家生产 A、B 两种商品的企业，它在 A 商品的生产上得到补贴，在 B 商品的生产上获得利润。根据《国民经济核算体系》一书的处理方法，政府对该企业的补贴额为对 A 商品的补贴额与 B 商品的利润额之差。这个数额无疑比政府实际支出的数额小，因而很难与政府预算的支出账吻合。其次，在《国民经济核算体系》一书的定义中，政府补贴是用来弥补企业现期生产成本和收益之差额的。这里的问题是，企业现期生产成本是依据什么来确定的？从世界各国的情况来看，一个普遍的现象是，接受补贴的都有高估现期生产成本的趋势，特别是那些占据垄断地位、生产垄断产品的企业，于此尤甚。这样，由于对企业现期生产成本的估价经常变动，各国都自行其是，补贴额乃至国民生产总值在一国的不同时期，在同一时期的不同国家之间便成为不可比较的了。这里的问题固然不直接出自补贴定义上，但是它使估价补贴遇到困难则是显然的。

（3）在可比项目上的认定上存在不足。在《国民经济核算体系》一书定义中，“政府当局为投资目的或为补偿破坏、损毁及其他资本和流动资产损失而对私营产业部门的转移则归入资本转移而不作为津贴”。这似乎只是为了平衡国民生产和收入账户而作出的人为规定，其经济分析上的合理性尚可存疑。例如，将政府对企业的亏损提供的补贴算作补贴，而不将政府提供给企业的投资补助算作补贴，这对大多数研究者来说恐怕难以接受。此外，在《国民经济核算体系》一书中，“区别资本转移和无偿现期转移所采用的主要标准是利用转移的目的，支付的基础和来源，以及从支付者或接受者观点来看的转移发生的次数”。这几个标准都是含糊而不确定的。

当然，《国民经济核算体系》一书之所以对财政补贴如此定义，是因为它把整个国民经济合并为一个大账户。在一封闭经济中，这些账户的借方和贷方彼此抵销，这些资本性转移对积累的筹措无任何净增量贡献。当仅在这一大账户之内探讨政府部门和非政府部门这些小账户之间的资金运动关系时，《国民经济核算体系》一书提供的补贴定义对于国民经济核算来说可能是适当的，但对于研究完整的财政补贴而言，这个定义需要进一步完善拓展。

3. 穆斯格雷夫的定义

《国民经济核算体系》一书提供的定义通常被称为狭义补贴定义，由于它排除了若干重要的补贴项目，经济学家，特别是非官方的经济学家都力图对此定义加以扩展。在这方面，美国经济学家 P. B. 穆斯格雷夫和 R. A. 穆斯格雷夫走得最远。他们认为，财政部门的一切支出活动都含有程度不等的补贴因素，因此，人们无须为财政补贴的定义虚抛心力。

在一份为美国联合经济委员会准备的题为《联邦补贴方案的经济学》（1972）的工作人员研究报告中，P. B. 穆斯格雷夫认为，从最终的意义上说，财政补贴可以被定义为由政府的课税和支出活动给予任何个人的任何净利得。R. A. 穆斯格雷夫则沿着另一条思路得出了与 P. B. 穆斯格雷夫大致相仿的结论。在《公共产品的提供》中，他如是表达自己的观点：100%地通过税收筹集资金的支出可在某种程度上运用补贴的一般理论加以解释。

如果说在前面的两篇文献中，两位学者关于财政补贴概念的表述还不够清楚的话，那么在他们后来合著的《财政理论与实践》一书中，关于补贴的思想则明晰化和系统化了。在该书中，两位学者从公共产品理论出发展开了对补贴理论的研究。其基本思路可概括如下：在经济社会中，存在着私人产品、公共产品以及兼有两种性质的准公共产品（或准私人产品）。完全的私人产品，其受益完全是内在化的（竞争性），它们的成本完全可以通过市场交易得到抵补。相反，完全的公共产品，其受益完全是外在化的（非竞争性的），它们的提供不可能通过市场过程，因而其成本完全由财政资金抵补。可以用补贴理论来研究这两种产品的提供问题。完全的私人产品，其成本完全由消费者的收入抵补，可以认为政府对它们的补贴率为零；反之，完全的公共产品，其成本完全从财政预算中支付，可以看成政府对它们提供了 100%的补贴。在现实经济生活中，在完全的私人产品和完全的公共产品之间存在着难以胜数的兼有两种性质的准公共产品，这些产品的

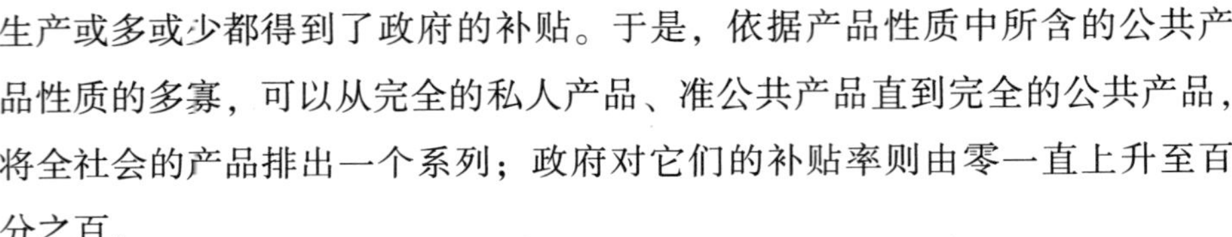

生产或多或少都得到了政府的补贴。于是，依据产品性质中所含的公共产品性质的多寡，可以从完全的私人产品、准公共产品直到完全的公共产品，将全社会的产品排出一个系列；政府对它们的补贴率则由零一直上升至百分之百。

当然，两位穆斯格雷夫的观点得到了学术界和实务界诸多认可。但也存在不同的声音，质疑者观点如下：

（1）弱化了财政支出的功能。从两位学者的观点中，可以合乎逻辑地得到这样的推论：国家财政支出的功能不是别的，就是提供补贴，因而财政支出的理论就可以看成是关于补贴的理论。就此可以提出的问题是：在国家（无偿地）提供公共产品和向非政府企业提供部分财政资金以刺激它们在市场上提供某些产品这两种财政活动之间，究竟是否存在某些本质性的差别？在这两种活动中，究竟是何者体现了财政的本质？在他们看来，这两种活动可以看成没有质的差别，并且是补贴体现着财政的本质。这种看法未免有失偏颇。如果不考虑国家财政的社会经济制度属性，仅从商品经济运行的角度来看，国家财政存在的根据就在于无偿地提供公共产品，而公共产品之所以存在就因为有一些为社会所必需的产品根本无法通过市场提供出来。

（2）缺乏实务操作性。从积极的意义上说，两位穆斯格雷夫的泛补贴论提出了一个政府干预经济的形式如何选择的问题。根据作者的观点，政府在考虑全社会的产品供应问题时，可以根据需要，在完全不干预（零补贴，亦即完全由市场提供产品）、部分干预（一定程度的补贴）和彻底干预（100%补贴）三者之间择优而从。这确实是个十分重要的问题，但从两位学者的《财政理论与政策》一书中，看不出如何决策的指导性意见。完全的公共产品（如国防、司法等）显然是不可能由市场提供的，对此不存在选择的问题。准公共产品是可以有选择的，但是，这些产品中的“社会”性质根本无法确定。事实上，在决定对准公共产品是否提供补贴和提供多少补贴时，政府基本上是循着其他原则（例如平衡预算和宏观经济平衡）决策的。

4. 普雷斯特关于财政补贴的定义

英国财政学家 A. R. 普雷斯特（1974）认为，财政补贴就是那些直接影响广义商业部门相对价格的政府支出，这里的相对价格既包括商品和劳务的相对价格，也包括生产要素（资本、土地和劳动）的相对收入。

从财政资金的运动同相对价格体系的关系角度来探索财政补贴定义可能是适当的，因为它扣住了研究财政补贴的四个重要问题：

（1）突出了财政补贴的行为主体。财政补贴是政府的一种政策行为，是政府给予受补贴对象的一种无偿转移支付的形式。

（2）突出了财政补贴的政策后果。财政补贴是政府给予受补贴者的一种无偿支付，但这种转移支付政策行为直接改变了相对价格，对受补贴者的行为和后果都产生影响。

（3）突出了财政补贴的作用机理。这种政策行为对经济的影响是通过相对价格的变动传导的，即政府对企业的生产行为进行补贴，就改变了产品的成本水平，影响到产品的相对价格和竞争力。

（4）具有实践运用的可能性。由于把相对价格变动置于核心位置，实践中可以运用成熟的价格理论来全面分析财政补贴的经济影响，可以使政府对财政补贴的程度和效果进行量化处理。

（二）中国学者对财政补贴的定义

我国也有部分学者对财政补贴进行了定义，陈共（1990）把财政补贴理解为，是一种影响商品相对价格结构，从而可以改变资源配置结构、供给结构和需求结构的政府无偿支出。何盛明、梁尚敏（1975）提出“国家为有计划地调节社会需求和社会经济生活，在经常性的财政分配之外，以直接或间接的方式，对经济组织、城乡居民所实施的财政性特定补助，形成国家财政补贴。”曹珂等（1982）指出，财政补贴即国家在解决提价或降价过程中发生的生产或消费的矛盾而采取的财政对价格的补贴。李扬（1990）定义财政补贴为，“所谓财政补贴指的是在某一确定的经济结构下，政府支付给企业和个人的，能够改变已有的产品和生产要素相对价格的，从而产生收入效应和替代效应的无偿支出”。从我国学者对财政补贴的定义来看，可以将财政补贴概括为是政府根据一定时期的政治经济形势及方针政策，为达到特定目的，对指定的事项由财政安排的专项资金补助支出。

财政补贴具有很强的政策性、一定的灵活性和明显的时效性，是实现政府宏观调控目标的主要政策工具。

二、财政补贴的性质

关于财政补贴的性质，学界主要有四种观点，分别是负税说、价格补贴说、两种效应学说、补偿说。

（一）负税说

1. 负税说的基本含义

负税说将财政补贴看作是负的税收。持负税论的学者认为，财政补贴其实是国家影响税赋、实施宏观调控的一种手段。其中作为代表的美国经济学家米尔顿·弗里德曼（1962）就曾提出，“补贴是政府转移性支出的一部分，补贴的给予是对政府所取得的所得税的再分配，这种形式的再分配能缩小贫富差距，使被补贴者能获得最低生活水平保障，社会福利制度的缺陷在一定程度上得到了弥补”。庇古（1952）也认为，“财政补贴是政府为了实现社会福利最大化而对国民收入进行再分配的常见手段”。《国际社会科学百科全书》也将财政补贴与税收结合起来，提出“很多补贴都可看成是负的税收，从而可以运用税收分析的工具来估价补贴的效果”。我国学者宋则行、汪祥春（1986）亦认为“可以把财政补贴看作是一种负税，当价格高于价值时，用税收调节；当价格低于价值时，用财政补贴来调节”。实践中，我国的价格补贴在1985年前作冲减财政收入处理，企业亏损补贴长期作为负的财政收入，在很大程度上可以理解为是财政补贴的负税说观点在实务中的具体运用。

2. 负税说的不足之处

很多学者偏爱将财政补贴解说为“负税”。这是因为在某种意义上，补贴和税收两个词是可以彼此替代的。例如，可以把税收看作为正的收入，也可把它视为负的支出。同样，可把补贴看成正的支出，也可将它称作负的收入。但是，补贴和税收毕竟是不能画等号的两个概念。例如目前各国盛行的通过减免税收提供给企业的投资补贴，就无法用负税概念加以解释，因为在这种安排中并没有财政资金的转移。最重要的是，此类补贴在功能上更接近财政支出，因而已被更适当地概括在“税收支出”概念之中了。税收和补贴的特点也是不一样的。税收具有强制性，而且有一套规范的规则；补贴则没有强制性，补贴支出的安排并无一定的规则。两者并不对称。当我们说补贴是负的税收时，就意味着可以用税收的理论从相反的方向来阐释补贴的经济影响。但是，税收有很多种类，不同税收的经济影响应当用不同分析框架来进行分析。在税收理论中存在着不同分析框架意味着，我们应当找到几种与补贴作用的对象相同，但作月方向相反的对应的税收，并运用这种税收的分析框架来分析形式各异的补贴影响。遗憾的是，补贴的税收对应物在想象中一般可以找到，但在现实中，我们或许可以为某些形式的补贴找到其税收的对应物（如企业所得税可看成投资补贴的对应物），有些形式的补贴却是找不到的。所以，将补贴定性为负的税收，正如说税收是负的支出一样，其中包含的信息量并不大，在理论上不能完全解释财政补贴，在实务上也不能完全指导决策。

（二）价格补贴说

价格补贴说把财政补贴视为价格补贴，主张相对价格扭曲而造成的社会费用需要政府负担。持价格论的学者认为，政府想通过财政补贴以影响产品和服务的价格，进而减少对市场的直接干预。如美国经济学家 Hatelling（1938）就曾指出，“政府将取得的间接税拿出一部分作为补贴拨给一些大型垄断企业，这样就能实现全社会福利的增进”。英国财政学家普雷斯特（1974）也认为，“财政补贴作为财政支出的一部分，能在广义上影响商业部门的相对价格”。我国学者陈共、李扬等也侧重从此角度研究财政补贴的性质。陈共（1990）把财政补贴理解为是一种影响商品相对价格结构，从而改变资源配置与供给和需求结构的政府无偿支出；李扬（1990）定义财政补贴为通过改变既有的产品和生产要素相对价格，从而产生收入效应和替代效应的无偿支出。

（三）两种效应学说

两种效应学说把财政补贴定义为能影响和改变产品及生产要素相对价

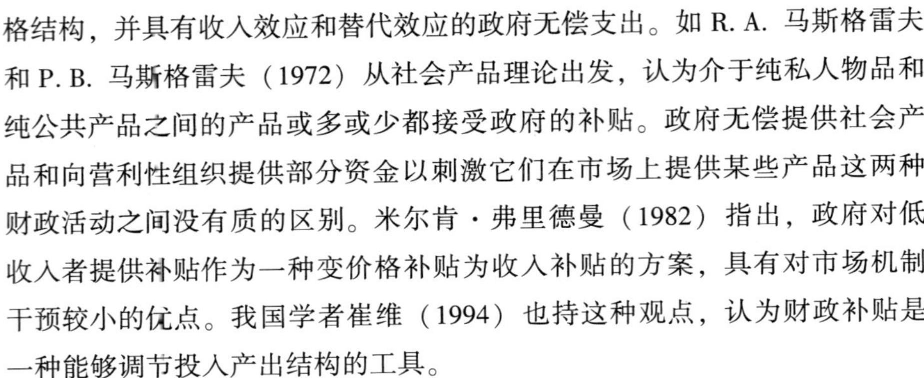

格结构，并具有收入效应和替代效应的政府无偿支出。如 R. A. 马斯格雷夫和 P. B. 马斯格雷夫（1972）从社会产品理论出发，认为介于纯私人物品和纯公共产品之间的产品或多或少都接受政府的补贴。政府无偿提供社会产品和向营利性组织提供部分资金以刺激它们在市场上提供某些产品这两种财政活动之间没有质的区别。米尔肯·弗里德曼（1982）指出，政府对低收入者提供补贴作为一种变价格补贴为收入补贴的方案，具有对市场机制干预较小的优点。我国学者崔维（1994）也持这种观点，认为财政补贴是一种能够调节投入产出结构的工具。

（四）补偿说

补偿说认为，财政补贴就是由政府直接资助企业和公众的预算方案而形成的国民收入再分配。该学说主要是随着战略贸易理论的发展而发展起来的。Brander 和 Spence（1984，1985）认为，在国际贸易中政府选择优胜者并给予补贴，是通过抢占第三国出口市场将外国的垄断租金转移至国内；Krugman（1984）认为，政府补贴是实施进口保护以最终鼓励出口；Ethier（1982）认为，对存在外部效应的行业给予补贴或保护能促进生产的国家专业化。克鲁格曼（1992）指出，战略贸易政策的理论核心是“利润转移论”和“外部经济论”，它们似乎为经济竞争的政府干预“提供了合理的辩护”。我国学者余廉（2006）认为，国有企业责任巨大，一方面要履行维护社会稳定的职能，另一方面又要在经济全球化中去维护我国经济的安全，所以，很有必要对国有企业进行补贴。王凤翔、陈柳钦（2005）认为，财政补贴其实是政府的一项转移支付，政府通过这项转移支付去干预微观经济主体的经济活动进而实现其某些目标。

三、财政补贴的动机

政府给予企业财政补贴的动机是多种多样的，总体概括起来主要包括政治动机和经济动机两大类。

（一）政治动机

政府对企业进行财政补贴的政治动机主要是为了解决就业问题，此外还有增加税收收入、调整收入分配、增加社会捐赠以及增进社会公共福利等其他政治动机。Breton Albert（1996）认为，“发达国家会优先对生产进行补贴，而发展中国家则优先对消费进行补贴，但各国对制造业的补贴主要还是为了保护就业”。Eckaus（2006）研究认为，“为了防止国有企业倒闭后带来的大规模失业，中国政府会给国有企业一定的补贴，借此来帮助其走出困境，进而降低其带来失业问题的可能性，反过来，企业利用补贴资金解决失业问题效果的好坏也决定了企业将来能够从政府那里获得财政补贴金额的多少和持续时间的长短”。Beers（2001）研究了补贴在不同国家使用所取得的效果，他指出，“很多国家为了降低失业率、保障社会的稳定以及促进社会的稳步发展，会向一些企业发放补贴”。Eckaus（2006）认为，“改善就业、增加税收等动机是政府给予企业补贴的主要目的，政府将一些实现政治目标的负担通过财政补贴的形式转嫁到企业身上”。Aschooff（2009）也认为，“由于大企业实力强，所以政府更倾向于对大企业进行补贴，希望其承担更多的社会责任”。

基于中国特有的制度背景，中国政府给予企业财政补贴的政治动机主要包括增加就业、增加税收收入、增加捐赠、增加社会公共产品的供给、增进公共福利，促进社会和谐、稳定和持续地发展。中国是一个人口众多的国家，就业问题永远是一个大问题，所以政府补贴重要的动机之一还是改善就业。唐清泉、罗党论（2007）认为，在中国，有很多地方政府都会采取一些促进就业的补贴措施，像担保贴息这些补贴，都是为了发展经济、带动就业而实施的。王凤翔、陈柳钦（2006）研究了政府给予财政补贴的动机，他们认为地方政府给予上市公司财政补贴的政治动机无非有以下几种：其一，满足发展当地产业的政策要求，带动当地产业的快速发展；其二，改善当地就业环境，增加就业岗位，维持地方稳定性；其三，预防当地的知名企业向其他地区转移，维护当地的财政收入；其四，提高当地知名度，扩大地方声誉，建立地方形象。步丹璐（2012）研究表明，相比较其他类行业，公共服务类行业诸如电力行业、零售行业、交通运输业等所获得的财政补贴的数额是比较高的，主要是因为这些行业所提供的产品具有公共属性，加大对这类行业的补贴有助于提高整个社会的福利水平。魏凤（2013）的研究指出，就业岗位、税款缴纳和捐赠支出这三项指标会显著影响政府发放财政补贴的数额，政府比较重视补贴社会目标的实现，补贴在这方面的目的性很强。

（二）经济动机

政府给予企业财政补贴的经济动机总体来说都是为了调整经济结构、带动经济发展、提高经济效益。英国经济学家、福利经济学创始人庇古（Piguo）（1912）提出，由于外部经济和外部不经济这种现象的存在，使得资源配置不能达到帕累托最优，社会福利水平也不能达到最大化，在这种情况下，就突出显示了政府干预的重要性，通过政府的政策指导来干预经济，可以让社会资源得到更加合理有效的配置，实现社会福利最大最优化。

Albareto 和 Bronzini（2008）认为，为了鼓励企业进行投资，继而能够带动经济的增长，政府最常采用的措施就是给予这些企业不同形式的补贴。Chen、Lee 和 Li（2003）还指出，政府给予企业财政补贴可以帮助其融通资金，尤其对于那些处于亏损边缘的上市公司而言，补贴可以说是保牌和扭亏的良剂。Dirk Czarnitzki（2012）指出，“由于市场存在一定的不确定性，这些不确定性会使企业减少自身的研发活动，为了降低市场不确定性所带来的风险，政府通过一些补贴措施，可以在一定程度上鼓励企业进行研发活动，促进其技术水平的提高，进而降低成本，提高经济效益”。Sun（2006）认为，地方分权的出现，使各地政府积极地发展本地方的经济，但发展经济离不开充足的资源做后盾，所以各个地区为了争夺有限且流动的资源、增强本地竞争力以及实现地方利益最大化，地方政府对企业尤其是当地的上市公司，态度变得更加积极，通过帮助这些公司发展，以获取更多的公共资源，从而带动地方经济的发展。

根据中国学者的研究，政府给予企业补贴主要还基于促进经济发展、鼓励企业研发以带动技术进步、提高企业管理水平，甚至有的地方政府还有通过补贴的方式帮助地方上市公司保牌、扭亏等的经济动机。李白冰（1995）发现，政府可以在一定范围内通过调整税率和财政补贴政策因子来引导公司的生产行为。崔学刚（2004）指出，地方政府高度重视本地区的经济发展，争取本地更多的公司上市是它们的责任。他认为地方政府给予当地上市公司种种政策优惠，无非是出于经济动机和政治动机。盛敏（2005）认为，政府给营利性组织财政补贴在于表现政绩、树立当地良好的投资环境，免去公司进一步经营亏损可能带来沉重的社会负担。唐清泉、罗党论（2007）认为，地方政府利用行政手段去干预经济其实并不是好的选择，为了能够促进产业的发展，将财政补贴作为一种经济调节手段实际上是一种进步。王凤翔、陈柳钦（2006）认为，企业是市场经济的主体，政府对企业进行补贴其实是将补贴作为一种利益的诱惑来使企业帮助政府实现既定的经济目标，地方政府的补贴在一定程度上会影响企业的投资方向和投资结构，企业投资的扩大也将会促进当地经济的发展。申香华（2010）的研究认为，政府在选择补贴对象时，更倾向于对那些成长性好、补贴前是亏损状况和资产规模较大的上市公司进行补贴。蒋恩平（2013）也认为，上市公司一般都是当地的龙头企业，是当地经济发展的支柱，这些企业对于提高当地知名度、增加当地的税收收入以及带动当地其他相关产业的发展都起到了非常重要的作用，当这些上市公司出现危机面临退市时，当地政府为了保住这些公司的上市资格，作为其争夺更多公共资源发展自己的筹码，同时为了避免这些公司倒闭后带来大规模的失业，往往也会给他们发放大量的补贴来帮其渡过难关。陆满平、贺瑛（2004）认为，上市公司的规模和数量就是当地政府的脸面政绩，出于地方保护主义，为了带动当地投资、维护地方经济繁荣和年末保牌，地方政府会给当地上市公司不同程度、不同方式的补贴。陈冬华（2003）站在最终控制权的角度进行研究，他发现补贴发放的主要目的还是为了提高当地企业的竞争力，使其能应对外来的竞争和冲击。此外，政府还利用财政补贴来促进企业研发能力的提高，姜宁和黄万（2010）认为，R&D 活动存在一定的外部性，为了鼓励企业创新，财政补贴就成为一种必要的手段。梁彤缨、冯莉和陈修德（2012）认为，在市场竞争机制下，企业往往达不到社会所要求的研发水平，另外，市场失灵情况下也会导致社会 R&D 活动规模不足，这时候，财政补贴就成为政府干预和调控市场的常见手段。

四、财政补贴监管制度研究

思想家孟德斯鸠曾说过："一切有权力的人都容易滥用权力，这是万古不易的一条经验。有权力的人们使用权力一直到遇到有界限的地方才休止。"美国总统华盛顿在处理权力配置问题时也强调"……行使政治权力时，必须把权力分开并分配给各个不同的受托人以便互相制约。"思想家和政治家的观点为营利性组织财政补贴监管提供了权威支持，使财政补贴审计的重要性已逐步成为公众共识。Good job frist 研究机构（2002）倡导必须对政府补贴实施频繁的审计，以改变政府补贴项目缺乏严格的监督和管理，缺乏足够的使用效率的状况。Gilbert 和 Rocaboy（2004）在研究中央财政补贴分配中存在的问题时发现，受补助者在申请补助的过程中真实地报告各项参数有助于降低财政补贴的不公平，凸显加强监管尤其是透明度监管的重要性。Patrick Dever Jr.（2008）详细分析了经济市场，得出了由于缺乏信息等影响因素的存在，如果补助分配不合适将会导致社会福利的减少，在市场上也没有任何效果，因此通过严密监管合理配置补贴资源非常关键。部分国家也开始在实践中加强对政府补贴的审计，如澳大利亚和新西兰要求所有享受政府拨款与政府补贴的机构，不仅需要同时提供按会计准则编制的财务报表和按审计署公布的绩效标准编制的"非财务的"绩效报告，而且实行严格而公开的审计制度。澳大利亚与新西兰为审计而花费的人力与财力逐年增长，审计范围越来越大，被审计的机构越来越多，审计在规范政府补贴方面的作用越来越得到公众认可。

我国许多学者如刘剑文（2005）、贾康（2007）、刘尚希（2008）、苏明（2008）、张馨（2009）等都注意到我国财政监督中存在的问题，提出了改进的建议，概括学者们的观点就是要建立和健全财政监督法规体系、预算监督体系、会计秩序监督制度、与其他经济监督的协调机制和执法机制等。但具体到营利性组织财政补贴的监管问题，文献则相对稀缺，申香华（2008，2009）强调，必须加强对营利性组织财政补贴全流程的监管，以提高补贴资金的使用绩效。Hellman 等（2003）研究认为，企业通过贿赂政府官员等方式来影响政府法律、法规和规章的制定，从而实现自身利益，因此必须从法律法规制定的源头加强对财政补贴的全流程监管。步丹璐、王晓艳（2014）认为，在我国政府对财政补贴缺乏明确的法律规定，这使得政府官员在财政补贴政策实际实施的过程中具有很大的自由裁量权，使某些企业通过寻租获得政府公共资源倾斜成为可能。

第三节 国内外文献对财政补贴的实证研究

一、营利性组织财政补贴倾向性研究

（一）国外文献研究成果

国外文献对营利性组织财政补贴倾向性研究相对偏少，研究结论普遍指向政治关联对营利性组织财政补贴有显著影响。Fisman（2001）以苏哈托在任期间其儿子负责经营的企业为研究对象，发现政治关联更有利于获得税收的减免等各种优惠，从而降低了企业的成本，在幅度上至少比同类企业减少了一半。Faccio（2006）基于全球视角发现有政治联系的企业更容易获得税收优惠，在市场上会更有竞争力，尤其在腐败程度高、产权保护水平低，政府干预程度高或者非民主制度的国家更为常见。Jay Pil Choi（2006）发现，在税收负担较重的地区，企业建立政治联系能够帮助企业避免各种名目的苛捐杂税，相当于变相获取财政补贴。Adhikari（2006）对马来西亚一组企业 10 年间的实际税率进行了深入研究发现，企业承担的实际税率与政治关联之间有显著的负相关关系，有政治联系的企业明显能够获得比其他企业更加优惠的实际税率。Yuan（2008）从 CEO 的角度来研究政治关联与财政补贴的关系，发现即使有政治联系的 CEO 没有好的业绩表现，也不会轻易被解雇，因为 CEO 为满足其政治目的来解决地方政府的失业问题，政府也

会对业绩表现不佳的企业提供相应的补助。

（二）国内文献研究成果

在我国，由于政府对营利性组织财政补贴缺乏完备的法律条文和规范的补贴流程及标准，所以对营利性组织的财政补贴具有一定的寻租空间，因此哪些因素决定了我国企业能否获取财政补贴及补贴金额的大小一直是部分学者努力探寻的谜底。从实证研究的成果来看，主要因素包括：盈亏状况、与地方政府的关系、股权性质、所处行业、社会贡献、公司特征等。陈晓、李静（2001）和龚小凤（2006）认为，盈亏状况是决定补贴的重要因素，即地方政府对亏损的上市公司进行了大面积的税收优惠和财政补贴，以保住公司的上市资格。陈冬华（2003）发现，地方政府影响力越大，上市公司越有可能获得更多的补贴收入。刘浩（2002）认为，国有股权和补贴收入有较显著的正向影响。杨瑾淑、罗炜阳（2006）发现，上市公司总股份中地方政府所占的国有股比例与上市公司在发行新股、增发和配股时所获得的补贴收入额呈显著的正相关关系。余明桂等（2010）以2002~2007年民营上市公司为研究样本的研究也发现，有政治联系的企业确实能够比无政治联系的企业获得更多的政府财政补贴；在市场化程度越低、政府支配的财政资源越多、产权保护越差和法治水平越低的地区，政治联系的这种财政补贴效应更明显。

在行业因素与营利性组织财政补贴的关系上，汤新华（2003）发现，农业上市公司的补贴水平相当于全部上市公司补贴水平的2倍多。吕久琴（2010）对获得财政补贴的企业特征进行分析并得出结果。在影响行业特征方面，按照接受补助公司的比例划分，约为55.87%的公司都接受财政补贴，社会服务业、电力等生产补贴金额最高。财政补贴影响不显著的企业指标是盈利能力、偿债能力和成长性。步丹璐（2012）研究表明，公共服务类行业诸如电力行业、零售行业、交通运输业等所获得的财政补贴的数额比较高，主要是因为这些行业所提供的产品具有公共属性，加大对这类行业的补贴有助于提高整个社会的福利水平。王燕娜（2007）发现，农林牧渔业上市公司得到财政补贴的比例虽然非常高，但是政府补贴的金额却不理想，平均补助金额远远低于其他行业的上市公司。

其他因素对营利性组织财政补贴也有影响，唐清泉、罗党论（2007）发现，政府的补贴比例与上市公司的员工比例、上市公司提供公共产品、上市公司的高税率等显著正相关，与上市公司是否是当地重点企业显著负相关。申香华（2010）以河南省和江苏省2003~2006年的上市公司政府财政补贴作为研究对象，发现政府倾向于向成长性好、补贴前是亏损的和资产规模比较大的上市公司提供补贴。余明桂（2010）、许罡（2012）、魏志华（2015）等学者均认为企业寻租活动有利于企业获得更多的政府补贴。

二、营利性组织财政补贴绩效研究

营利性组织财政补贴绩效一直是西方学者感兴趣的话题，但因为研究方法、研究区间、样本选取等方法存在较大差异，或者因为行业、补助方式、补贴动机、研究当时国家所处的经济环境等方面各个国家存在很大的差别，所以学者们对财政补贴效果的研究结论也不尽相同。有一部分的研究表明财政补贴能产生积极的社会经济效益提高整体居民社会福利水平，但也有一些研究得到相反的结论。有些研究还认为无法对营利性组织财政补贴的绩效做出评价，如Harris和Trainor（2005）针对北爱尔兰制造业的研究，就认为很难对政策扶持产生的效应进行衡量。

（一）国外文献研究成果

1. 对财政补贴就业效应的研究

政府对营利性组织提供财政补贴是否对就业有促进效应一直是西方学者关注的重点。Harris（1991）发现，政府补贴对于促进就业并未起到积极的作用，但Jenkinset、Leicht和Jaynes等（2006）发现，政府补贴在促进就业方面大多数有着积极作用。Justine Burns等（2010）的研究发现，政府在就业方面给予营利性组织的补贴一定程度上能带动就业，但这种效应的持续性不太强，要想使就业问题从根本上得到解决，还需要政府去引导经济朝着健康、稳健的方向发展。Heli Koski、Mika Pajarinen（2012）对芬兰在2003~2008年取得补贴在企业使用补贴资金的效应进行了研究，发现比起其他公司，补贴的就业效应更明显，但总体来看，获得补贴的公司在增加就业方面都或多或少有所贡献。Jenkins 等（2006）选取了高科技行业的 7 个政策，研究了美国 1988 年以后十年的高科技行业的就业率。研究结论指出，高科技行业的技术补助在企业地理环境、规模及技术方面有帮助，其中的 5 个政策促进了当地就业水平的提高。

2. 对促进经济发展的效应

政府对营利性组织实施财政补贴毋庸置疑有促进地区经济发展的动机，因此财政补贴能否促进经济发展成了学术界关注的另一个热点问题，许多学者对此进行了实证检验，研究对象遍及全球多个国家和地区，但研究结论惊人相似，财政补贴对经济发展没有促进作用，甚至可能起到相反作用。Beason 和 Weinstein（1996）以日本企业为研究对象，发现补贴导致企业低增长以及规模报酬递减。Lee（1996）以韩国制造业为例，补贴政策并未加速全局经济的增长。Van Tongeren（1998）以荷兰政府对企业的投资补贴为例，发现投资补贴不恰当地改变了企业的投资决策，但提高了企业的偿付能力。Bergstrom（2000）以瑞典获得政府补贴的公司为研究对象，检验补贴对这些公司产出的影响，发现获得补贴的公司在获得补贴当年有较好的产出，但在次年，补贴的效果就不明显了，有的甚至还出现了负面效果。Teresa Garcia-Mila 和 Therese J. McGuire（2001）以西班牙受补贴企业为例发现，财政补贴并没有促进受补助地区的经济发展。Humphries Jr（2003）以德国林业为研究对象，政府项目已经广泛地影响了林业的产量，但没有激发土地所有者的积极性。

3. 对技术革新的作用研究

技术革新的力度和广度是衡量一个地区、一个国家竞争力强弱的基础和标志。各国政府往往对企业技术革新给予大力支持，那么政府对营利性组织技术革新补助能否真正促进企业技术水平的提高，有部分文献对此进行了检验。早在 1984 年，Spence 就关注了政府财政补贴是否会促进企业 R&D 经费支出，结果发现，财政补贴能够促进企业愿意从事更多的 R&D 支出活动。随后 Holemans（1988）和 Antonelli（1989）分别以比利时企业和意大利企业为样本，研究财政补贴对 R&D 的作用，结果都发现财政补贴对

R&D 有互补效应。Capron（1997）以西方七国集团为对象，考察财政补贴对 G7 企业研发的作用，发现在 G7 中政府长期资助的领域研发有明显的刺激作用，如个人计算机、通信技术等领域。Wallsten（2000）专门研究财政补贴对小型私企研发的影响，发现在小型企业中政府财政补贴对 R&D 具有显著的替代效应。Holger Gorg 和 Eric Strobl（2006）研究了爱尔兰政府补贴的作用。研究发现，财政补贴在帮助企业化解危机、改进技术方面是有效果的，这在一定程度上可以实现企业经营业绩的改善。Dimitris Skuras 等（2006）发现，政府财政补贴通过受补贴企业的技术改变影响了总产出，而不是直接通过扩张规模影响产出。Sourafel Girma 等（2006）通过对爱尔兰财政补贴的研究后认为，政府补贴对企业采用新技术是有效果的。

4. 对改善企业微观绩效的效应

地方政府给予本地企业财政补贴，是通过帮助企业增加经济效益的方式，来达到当地政府增加就业，维持当地经济现有水平并促进区域性的经济体制转型和发展等社会效益的目的（王凤翔，2006）。某些时候，政府会在企业发生财务危机的时候对企业实施一定的补助以避免企业破产，通常其他目的的财政补贴也能增加企业的资产和现金流入，从而能改善企业微观绩效，优化企业的财务状况。Van Tongeren（1998）在研究荷兰投资补贴时发现，投资补贴不恰当地改变了企业的投资决策，其带来的副效应是提高了企业的偿付能力。无独有偶，Bergstrom（2000）在研究瑞典投资补贴时也发现，财政补贴对微观绩效的改进没有持续作用，在获得补贴的第一年，补贴会带来正面效应，但从第二年开始，补贴带来的是负面影响。Tzelepis 和 Skuras（2004）研究了希腊 20 世纪 80 年代初期至 90 年代中期获得财政补贴的企业，通过盈利能力、成长能力、营运能力和财务杠杆四个指标研究投资补贴效，然而发现，补贴没有有效提高企业的经营和盈利，在政府的干预下，由于将大量的自由现金流赋予了企业，企业只是在偿债能力方面得到了提高。Beason 和 Weinstein（2006）的研究也发现，补贴会带来公司业绩的低增长，但这种增长呈递减趋势。Sourafel Girma 等（2006）研究爱尔兰财政补贴的效应结果发现，对克服企业的财务危机和采用新技术上有效。Cerqua 和 Pellegrini（2014）研究发现，企业获得财政补贴有利于提高本企业的成长性。

（二）国内文献研究成果

1. 对受补贴企业社会贡献的研究

政府对营利性组织的财政补贴选择决策是公共资源在政府和营利性组织之间产生公共福利的效率选择问题。当补贴资金不用于营利性组织，政府的使用效率表现为改善基础设施和自然环境，加强医疗、教育、扶贫等方面的投入力度等公共产品，为公民增加福利。而当补贴资金在某种约束条件下给予营利性组织时，补贴资金资源配置的目的仍然应该保持不变，即营利性组织对补贴资金的使用最终应该能产生公共利益，这种利益可以表现为补贴促进增加投资、扩大规模，获得竞争优势，为本地居民提供更多的就业机会，并提高长期的财政收入能力等，但其核心是就业和财政收入（王凤翔等，2006）。即如果公共资源由营利性组织使用产生的就业机会、财政收入、环保投入与支出、社会捐赠等大于政府支配该部分资源所提高的整体社会福利，则认为政府补贴是理性的、有效率的，资源配置体现了帕累托最优原则。所以，对营利性组织财政补贴绩效的评价，部分文献集中在容纳就业、缴纳税金、社会捐赠、环境保护等方面。

在容纳就业方面，顾善慕（2006）认为，地方政府对当地的高科技企业、劳动密集型企业进行补贴，这些企业获得补贴后会在解决就业方面做出一定的贡献。唐清泉、罗党论（2007）以 2002~2004 年上市公司财政补贴的数据为基础的研究发现，财政补贴在实现政府的社会目标方面起着一定的作用，站在这个角度来说，财政补贴是政府干预市场的一种有效手段。另外，由于以往财政补贴的给予并未真正使上市公司的经济效益得到改善，所以，政府已无动机再给这些需要再融资的企业补贴。然而，申香华（2010）研究了 2003~2006 年河南省上市公司获得财政补贴后的反哺效应，研究结果表明，受补贴上市公司在促进就业方面没有特别显著的贡献。

在社会捐赠方面，申香华（2010）选择河南省上市公司为研究对象，研究结果表明该省上市公司在获得财政补贴后并没有在社会捐助方面做出比较积极的贡献，这一点和步丹璐（2012）的研究得出的结论一致，但顾善慕（2006）以高新技术企业为研究对象得出的结论与申香华和步丹璐的结论不同，其研究表明高新技术上市公司在获得政府补贴后会积极地做出一定的社会捐赠。

在环境保护方面，赵书新等（2009）研究了信息不对称条件下补贴对环保产业的影响，发现财政补贴在促进环保产业发展方面的效果并不十分理想，这一研究结果和申香华的研究结果是一致的。

在缴纳税金方面，申香华（2010）的研究还表明，河南省受补贴上市公司在增加税收方面也没有较显著的贡献。然而，由于研究对象不同，顾善慕（2006）的研究发现，高新技术企业在获得补贴后还是能在增加税收方面起到一定的作用的。黄蓉（2011）选用实施新会计准则后得到财政补贴的企业连续三年的数据，研究表明财政补贴没有完全实现社会效果，补贴可以提高企业随后一年缴纳的税金却无法改善就业情况。

2. 对技术革新的作用研究

周绍东和安同良（2009）通过博弈理论建立模型，表明了企业获取 R&D 补贴的策略性行为及 R&D 补贴的激励效应。研究表明，当两者之间存在信息不对称，且企业创始人获取财政补贴所付出成本过低，并没有附加条件时，补贴将产生负向作用。程华、赵祥（2008）研究了 2006~2007 年浙江省民营科技企业，财政补贴对企业研发活动的影响，研究表明，样本公司当年的研发活动受到了财政补贴的影响，产生了挤出效应，但随后就产生了显著的促进效果，此外，企业的规模也会影响补贴的效果，若受补贴企业规模越大，则财政补贴对其研发活动的促进作用将更加明显。然而，姜宁、黄万（2010）研究我国的高新技术行业却发现，财政补贴对该行业的研发活动虽存在一定的影响，但这种影响却很微小，且补贴的效果还存在一定的滞后效应。

3. 对改善企业微观绩效的效应

在经营能力方面，张莉琴（2004）研究农业上市公司的补贴效率问题发现，补贴收入对农业上市公司的产出增长并无显著影响，这种扶持政策是缺乏效率的。何源等（2006）通过研究发现，企业的投资行为必然会受到政府干预的影响，对上市公司实施各种税收优惠政策的确能在一定程度上提升上市公司的投资效率。吕久琴（2010）发现，财政补贴对企业资产规模、主营业务收入和员工人数影响比较显著。黄蓉（2011）的研究发现，补贴能够提高企业获得补贴后第二年的经营情况，显示出一定的经济效果。逯宇铎和刘海洋（2012）使用 2000~2008 年 180 万个大规模企业的数据，运用固定效应模型试验补助对企业生产的影响，结果表明，财政补贴基本上能明显提高企业技术水平并促进生产效率的提高，且其产生的影响能够持续多年，财政补贴是有一定的宏观效率。

围绕营利性组织财政补贴对经营绩效的影响，邹彩芬等（2007）将 36 家农业上市公司作为研究对象，分别研究税收优惠措施和财政补贴对这些上市公司经营绩效的影响，结果发现，财政补贴对这些公司资产收益率的影响更加显著，直接的财政补贴显著地增加了企业的偿债能力，同时也导致了企业管理层的寻租行为，农业上市公司对于补贴的依赖性加强。唐清泉和罗党论（2007）认为，从补贴效果来看，政府补贴对于加强上市公司的盈利水平方面没有太大作用。胡剑锋（2009）的研究表明，上市农业公司获得的政府补贴收入对于公司的经营绩效有明显的正面效应。

财政补贴对企业的影响还表现在其他方面，盛敏（2005）的研究指出，“短平快”是现阶段财政补贴的显著特点，补贴资源的注入能较迅速提升上市公司的业绩，也为当地建立了较具吸引力的投资环境。另外，上市公司的规模和数量往往是考核地方政府政绩的一项指标，所以，地方政府当然不愿意看见上市公司失去上市资格这一现象出现在自己的任期内，所以在上市公司面临退市危机时，当地政府会“出手相救”，避免其进一步亏损给社会带来沉重的负担。陈晓、李静（2001）发现，在资本市场争夺资源的过程中，地方政府积极参与了上市公司的盈余管理，对上市公司进行了大面积的税收优惠和财政补贴，扭曲了会计信息。沈晓明、谭再刚、伍朝晖（2002）认为，补助对于农业上市公司的影响，使之不能及时进行内部治理。龚小凤（2006）研究财政补贴对上市公司盈余管理的影响程度，发现财政补贴只在保住本地上市公司的壳资源，防止被 ST 方面有作用。

4. 对特定行业补贴绩效研究

很多时候，政府为了特定政治、经济目的，为了维持或促进某些行业的发展，会对这些行业实行专门补助，因而这些行业补助的绩效也就成了重要研究对象。对农业的补助、对环保产业的补助、对高科技及新能源行业的补助等都有相应的研究成果支撑。

（1）对农业上市公司的补贴绩效。沈晓明等（2002）对 59 家农业上市公司获得财政补贴进行了研究，发现约为 20%的农业上市公司对财政补贴的依赖性比较强，而财政补贴对公司经营产生暂时性的帮助，但是从长久来看，实际上使公司不能进行及时的内部治理，主营业务的盈利能力却越来越差，削弱了上市公司的竞争力。邹彩芬等（2006）采用 36 家农业上市公司为研究样本，研究政府给予企业一般性补助和税收优惠影响，通过分析其对经营绩效的影响发现，企业资产收益率和偿债能力在补贴因素的影响下得到了显著地提高，但也导致寻租现象的产生和企业对财政补助的依赖性。冷建飞、王凯（2007）以 2005~2007 年的农业上市公司为研究样本得出，补助对于农业上市公司不存在显著地提高盈利能力，也不利于企业发展竞争力的结论。税彭煜、胡剑锋（2009）的研究结论是，财政补贴对农业上市公司的经营指标呈现了明显的正向效益，而对其他方面的绩效则相反。

（2）对节能环保产业的补贴绩效。我国为了促进节能环保产业的发展，2009 年由国家发改委、财政部启动了“节能产品惠民工程”，对高效照明、新能源汽车等十大类节能环保产品进行产业补贴。刘晓萍（2010）通过对节能环保产业财税政策成效分析认为，政府对节能产品的补贴，打破了产品价格瓶颈的市场制约，拉动了市场需求，使节能减排行业的发展趋势更加明朗，政府补贴有效引导了产业升级，经济效益和社会效益都得到了显著提高。吕荣胜等（2013）采用博弈论方法和原理，研究了政府与企业在节能减排方面的博弈关系，发现若政府能对营利性组织实施财政补贴和税收减免等政策，激励支持营利性组织尤其是高污染行业企业完善节能减排机制，就能引导企业向绿色产业方向进行转型，使企业能够在充分关注和履行环境责任的良性方式下实现可持续发展。郭本海等（2013）根据委托代理理论，推导出政府与企业在节能环保方面具有目标一致性特征，提议政府重视财政政策，通过财政补贴、税收优惠、环保奖励等手段激励企业进行环保投入，确实降低企业环保成本，引导企业更加重视承担环境保护的社会责任，并通过社会责任的履行树立良好的企业形象，实现财务绩效改善的良性循环。王鹏（2014）以我国A股市场2007~2012年高污染上市公司为样本，发现财政补贴作为政府“看得见的手”，优化了企业资源配置，对企业节能减排能产生正向作用，如果同时能跟进有效的政府监管，则该积极影响更显著。田淑英等（2016）以我国31个省份2003~2013年的面板数据为样本，发现财政补贴对企业环境保护发挥了重要支持作用，因此，应该充分重视财政补贴对企业环保投入的杠杆作用，用一定的财政补贴撬动更大的环保资金投入。而与以上研究相反，赵书新等（2009）却得出了财政补贴在促进环保产业发展方面没有取得理想效果的结论。张彦博等（2013）的研究认为，政府对环境保护实施财政补贴的实际效果背离初衷，对环境质量改善和企业环保投入起到了负面影响，原因在于相应的监管制度没有跟上，因此企业将此类财政补贴投资于高利润项目，而未进入到环保领域。李楠等（2016）根据沪市重污染行业上市公司2007~2014的数据，研究了财政补贴对重污染行业环保技术研发的推动作用，检验结果认为，财政补贴与环保技术研发投入并不是简单的线性关系，在一定补贴额度内提高了企业对环境技术的研究，但是随着财政补贴金额的增加，企业环保创新投入不升反降。

（3）对汽车行业的补贴绩效。严敏悦（2012）研究发现，政府对汽车行业的技术创新活动提供贷款补贴，对新能源汽车消费进行补贴，罗列了2003~2012年以来政府对报废汽车的补贴，发现补贴范围和金额有所扩大和增加。一方面肯定了这些政策拉动了汽车消费的增长，帮助调整汽车产业结构；另一方面对财政优惠政策有效期的衔接不够稳定表示担忧，临时性优惠政策可能会导致汽车行业大幅振动。

（4）对其他行业的补贴绩效。其他一些行业也有学者对其进行研究，刘亚莉、马晓燕（2010）针对房地产行业，选择沪深两市上市公司作样本，对地方财政补贴对房地产企业经营绩效的关系进行检验，研究发现企业经营规模越大，越容易获得财政补贴，财政补贴可以提高企业绩效，使销售收入和销售净利率都有显著的提升。Huizhong Zhou（2001）研究了中国的烟草行业，如果企业盈利水平低时，地方政府会减少对该企业征收税收，同时会为其提供补助。何家凤（2012）研究了物联网上市公司 2010~2012 年 41 家上市公司的数据，采用实证分析法，研究了财政补贴的政策导向性对物联网企业研发投入、产出贡献和融资能力的影响，发现有明显的正向作用；魏凤（2013）在上市公司面板数据里选取了 438 个上市制造业企业为研究对象，发现政府在近几年对制造业企业在补助的金额及补助范围上加大了力度。纳税额、就业人数及公共支出三个指标与财政补贴额有显著的关系。财政补贴国有企业尤其能明显改善经营状况、提高企业效益；但同时也使得企业更加依赖财政补贴，不利于企业经营效益的改善。

三、文献述评

以上文献对政府财政补贴从不同的角度进行了理论性和经验性的研究，对政府实施财政补贴的目的和动机，财政补贴的类型和补贴方式、财政补贴的作用和后果，财政补贴的绩效评价和监管要求等都做了研究，理论推演、大样本实证检验、案例研究等方法也在相关文献中得以运用，为进一步深入研究此问题提供了有力的支持，但仍然存在一些不足有待进一步研究和完善。

（一）营利性组织财政补贴需要一个逻辑严密内容完整的整体架构

相关文献涉及了营利性组织财政补贴的各个方面，但这些文献均由不同的学者从不同的视角研究某一个方面的问题，尚没有形成整体的知识架构和体系。事实上，营利性组织财政补贴需要从政治学、经济学、管理学、社会学、法律学等不同的视角认识其动机目的，这样才能研究营利性组织财政补贴的倾向性。而财政补贴的倾向性则反映一定时期政府的政治和经济目的，这是评价营利性组织财政补贴是否具有效率的依据，即进行营利性组织财政补贴绩效评价的依据。为了使财政补贴达到政府初设的目的和要求，必须对营利性组织财政补贴实行严格监管。所以，营利性组织财政补贴需要在现有文献研究的基础上形成一个完整的知识架构和内容体系。

（二）营利性组织财政补贴需要进一步完善研究内容

在营利性组织财政补贴资源配置的影响因素上，现有文献主要集中研究了政治关联、成长性、盈亏状况、股权性质、行业特征等的作用和影响，事实上，影响营利性组织财政补贴资源配置还存在其他因素，例如公司治理。目前上市公司都非常重视公司治理，将公司治理的改善作为企业改革的重要内容，而且政府在对财政补贴进行配置的过程中，更倾向于那些成长性好、可持续发展能力强的企业配置财政补贴，那么公司治理状况也是衡量企业综合能力的一个非常重要的方面，政府在对财政补贴进行配置的过程中，公司治理状况的改善能否对资源配置产生影响也需要实证的进一步检验。

营利性组织财政补贴绩效评价的指标体系设计尚处于薄弱阶段。营利性组织财政补贴需要进行绩效评价已经成为共识。但对于绩效评价的指标体系尚未正式建立，实务工作中更无可遵循的公认标准。学者们评价营利性组织财政补贴也选择其中的某些方面进行评价。如有些文献集中研究宏观社会绩效，评价营利性组织财政补贴在容纳就业、增加政府财政收入、社会捐赠等方面的贡献，有些则侧重评价对企业微观绩效，如提高经营能力、盈利能力、偿债能力等的作用，尚无综合指标体系，营利性组织财政补贴的其他影响也有待认识和挖掘。

对营利性组织财政补贴性质的认识，各界也一致认为其不应该是“免费午餐”，应该加强监管，但对于如何监管尚没有科学可行的意见和建议，更谈不上通过立法程序将监管制度和程序固化下来。

（三）对营利性组织财政补贴研究范围尚需进一步扩充

从研究样本选择上看，对营利性组织财政补贴绩效研究，主要是选择特定行业进行，尤其农业企业是研究的热点，或者进行两个省际间的对比，针对全部样本的研究，对不同行业的比较研究和不同省份的比较研究文献偏少，因而难以从整体上把握营利性组织财政补贴资源配置和绩效创造的一般规律和主要差异，也不便于发现问题和有针对性地解决问题，从而不利于促进营利性组织财政补贴资源配置优化，提高财政补贴经济绩效。

从研究方法上看，主要是大样本统计研究，针对个别企业的典型案例研究较少。大样本统计研究虽然相对能认识事物的全貌，但不利于做深入分析。因此，营利性组织财政补贴需要加强对典型案例的研究，通过考核营利性组织财政补贴绩效，还原获取财政补贴的过程，洞察财政补贴使用过程中的内部和外部监管措施，最终找到导致营利性组织财政补贴绩效结果的深层次原因，为政府优化资源配置，加强营利性组织财政补贴监管，提高使用绩效提供意见和建议。

第二章 02

营利性组织财政补贴理论分析

第一节

政府与市场关系分析

在市场经济条件下，市场和政府都是资源配置系统，二者共同构成社会资源配置体系。亚当·斯密认为，市场是万能的，一切资源配置都由市场完成。但是从各国的政治经济现实情况来看，即使是完全市场经济的美国，依然存在财政补贴的行为，即由政府进行配置资源的经济活动。那么，为何完全市场经济条件下还要政府进行资源配置？在资源配置中市场与政府之间是什么关系？政府在什么条件下以什么方式进行资源配置？

一、完全依靠市场配置资源的条件

完整的市场系统是由家庭、企业和政府三个相对独立的主体组成的。假设没有政府，市场便只有两个主体，即家庭和企业。从经济学的角度来看，市场不仅是商品交易的场所，而且是在无数个买者与卖者的相互作用下形成的商品交易机制。市场机制的基本规律就是供求规律：供大于求，价格下降，库存增加，生产低迷；求大于供，价格上涨，库存减少，生产增长；通过价格和产量不断的波动，达到供给和需求的均衡。亚当·斯密将市场规律形容为“看不见的手”，认为不需要任何组织以任何方式干预，市场就可以自动地达到供给与需求的均衡，而且每个人在追求私人利益的同时，就会被这只手牵动着去实现社会福利。

福利经济学的代表人物、意大利经济学家帕累托提出了一个被西方经济学和财政学经常引用的帕累托经济效率标准，又称为帕累托最优状态。帕累托最优状态是指这样一种状态：资源的配置无论做任何改变都不可能使一部分人受益，而没有其他人受损，也就是说当经济运行达到了高效率时，一部分人改善处境必须以另一部分人的处境恶化为代价，而市场要发挥最大的效率，要以完全竞争的市场为假设条件。

完全竞争市场是指一种不受任何阻碍、干扰和控制的市场结构，即购买者和销售者的购买和销售决策对市场价格没有任何影响的市场结构。完全竞争市场主要有四个特征。

（一）市场上有无数的买者和卖者

由于市场上有为数众多的商品需求者和供给者，他们中每一个人的购买份额或销售份额，相对于整个市场的总购买量或总销售量来说是微不足道的。他们中的任何一个人买与不买，或卖与不卖，都不会对整个商品市场的价格水平产生任何影响。所以，在这种情况下，每一个消费者或每一个厂商都是市场价格的被动接受者，对市场价格没有任何控制力量。

（二）同一行业中的每一个厂商生产的产品是完全无差别的

这里的完全无差别的商品，不仅指商品之间的质量完全一样，还包括在销售条件、商标、包装等方面是完全相同的。因此，对消费者来说，购买哪一家厂商的商品都是一样的。如果有一个厂商提价，他的商品就会完全卖不出去。当然，单个厂商也没有必要降价。因为在一般情况下，单个厂商总是可以按照既定的市场价格实现属于自己的那一份相对来说是很小的销售份额。

（三）厂商进入或退出一个行业是完全自由的

厂商进出一个行业不存在任何障碍，所有的资源都可以在各行业之间自由流动。这样，各行业的厂商规模和厂商数量从长期来讲是可以任意变动的。但是在短期内，厂商规模和厂商数量仍然是不可变的。

（四）市场中每一个买者和卖者都掌握与自己的经济决策、有关的商品和市场的全部信息

市场上的每一个消费者或生产者都可以根据自己所掌握的完全的信息，确定自己的最优购买量或最优生产量，从而获得最大的经济利益，而且，这样也排除了由于市场信息不畅通而可能产生的一个市场同时存在几种价格的情况。

二、市场失灵不可避免

市场是一种有效率的经济运行机制，这是毋庸置疑的。但是在现实生

活中，市场不可能达到完全竞争的状态；也就是说，现实的市场不具备充分竞争的条件。市场经济并不是万能的。在一些领域或场合，市场机制本身不能得到有效的发挥，自然无法达到有效配置资源的结果；而在另外一些领域或场合，市场机制即使能够充分发挥，也无法达到符合整个社会要求的正确的资源配置结果。西方经济学家将这些现象统称为“市场失灵”。

市场失灵是指由于现实生活中几乎不存在经济学假定的市场实现资源配置的帕累托最优状态所需的前提与条件，因而一些问题不能依靠市场解决或市场解决不好。市场失灵主要包括：公共产品的提供、外部效应、市场垄断（不完全竞争）、不完全信息、分配不公平、宏观经济总量失衡。

（一）市场不能有效提供公共产品

在经济生活中，一些产品可以通过市场竞争，按等价交换的原则取得，并且拥有者获得该产品的全部所有权与使用权。在此情况下，这种具有取得上的竞争性与消费上的排他性产品通常被称为私人产品，或者反过来说，私人产品是指那些同时具备排他性和竞争性特征的产品。

与私人产品相对应的是公共产品，公共产品是指在同一时间内可以使多个个体受益，不具有排他性和竞争性的产品。

从公共产品和私人产品两者的消费表现形式上看，对于公共产品的消费无法计算某一个人具体消费的数量。对于公共产品的提供者来说无法获得直接的经济利益，从而出现“免费搭车者”。作为企业和个人都是追求利益的主体，他们在生产公共产品上缺乏热情和动力。即使有人愿意提供公共产品，也会因为其逐利行为导致公共产品价格上涨，从而使人们对这类公共产品的需求下降。一些基础设施等公共产品需要巨额资本，也使个人和一般企业无力承担。另外，公共产品过度使用造成浪费或供给短缺，从而出现英国哲学家大卫·休谟在 1740 年提出的“公地的悲剧”，其实质是指在一个社会中，如果有公共产品的存在，搭便车者的出现就是不可避免的，而如果社会所有的成员都成为搭便车者，结果最终是任何人无法享受到公共物品的好处。因此，如果单纯依靠市场机制的调节，必然会导致社会所需要的各种公共产品在供应量上的不足。公共产品成为市场失灵的表现形式之一。如何有效地提供公共产品成为需要政府解决的问题。

（二）存在外部效应

有效的市场是人们自愿地以货币交换产品或服务，不存在强加于人的成本和收益，生产过程将全部成本与收益内部化（生产者承担全部成本，同时享有全部效益；消费者获得产品或服务）。但现实中存在着根本不发生经济支付的经济交易，即存在外部效应。

外部效应是指某一个体在从事经济活动时，给其他个体造成了消极或积极的影响，却没有承担应有的责任或者没有取得应有的报酬情形。习惯上将造成积极影响的外部效应称为正外部效应，它更多地体现在公共产品上。如在自家花园里种上鲜花，就会给他人带来环境美化的愉悦感。对于给其他个体带来消极影响的外部效应被称为负的外部效应。如高分贝播放音乐给周边邻居带来的噪声污染。事实证明，仅仅依靠市场机制，对于具有正外部效应的物品或服务，由于得不到合理收益而会出现供应短缺；对于具有负外部效应的物品或服务，由于无须支付必要的成本而难以遏制。可见，通过市场机制难以有效矫正或解决带有外部效应的物品或服务的供给问题，无法使资源配置达到社会最佳状态。

（三）可能出现市场垄断

市场垄断也称不完全竞争，是指市场主体处于一个可以影响价格的市场地位，一种商品只有一家公司供应，这家公司能够完全控制住这种商品的产量，使这种商品的供应量始终比较短缺，这样就能保住价格始终比较高，能保住自己的丰厚利润。当该主体以此优势地位牟利时，完全竞争条件受到破坏，就会产生市场失灵。例如，假设世界只有一个农民，那么粮食的供应就由这个农民垄断了，这时他就可以生产很少的粮食而卖很高的价格。他可以把粮食的价格控制在1000元/斤。这个价格下，如果市场缺少粮食了，他就往市场上投进一些；如果还有一些粮食暂时还没卖出去，他就停止向市场供应，什么时候这些粮食卖完了，他再生产一些继续供应。在这个价格下，当然只能有少数人才能买得起，所以粮食就成了只有最富裕的人才能享用的奢侈品，而其他人只能吃野菜度日。普通人对这样高居不下的价格是干生气也没有办法。

（四）经济主体不具有完全信息

市场完全竞争的一个基本假定是信息是完全的。但是现实生活中信息一般是不完全的。信息不完全既是指绝对意义上的不完全，无论是生产者（销售者）还是消费者（购买者），其本身只具有有限理性，不可能知道在什么时候、什么地方发生或将要发生什么事情；又是指相对意义上的不完全，市场本身不能生产出足够的信息并进行有效的配置，同时获得的信息往往是要付出成本的。当市场上的供求双方中一方的信息多于另一方时便存在信息不对称，拥有信息较多的一方会通过道德风险和逆向选择两种途径在与另一方的交易中利用自己的信息优势影响到市场的资源配置效率，造成市场失灵。道德风险是指从事经济活动的人在最大限度地增进自身效用时做出不利于他人的行动。逆向选择则是指在市场交易中的一方无法观察到另一方的重要的外生特征时，所发生的劣质品驱逐优质品的情形。

以上这四种市场失灵的表现均是指现实的市场不能提供实现帕累托最优的条件，从而导致市场资源配置低效，不能形成帕累托最优结果。

（五）社会资源分配不公平

社会公平是一般社会价值取向的组成部分，相应的公平观是承认贫富差别的共同富裕。但是由于社会制度、先天条件、后天环境等多种因素的影响，社会成员在进入市场时就是不平等的。市场可能会产生令人难以接受的收入水平和消费水平的巨大差别。通常，市场的主体都是相互独立和相互区别的利益主体。市场体现等价交换原则，凭借资本所有权、土地所有权、劳动力所有权对收入进行分配。但是收入分配与个人的智力、财力、体力、机会等禀赋相关，所以市场在个人收入分配方面最多只能保证有一个公平的过程，但不能矫正因初始禀赋不同带来的收入分配不公平。同时，商业欺诈、意外事故也会导致收入分配的不公平。因此，在市场经济竞争机制优胜劣汰的作用之下，市场交换过程只能在既定的收入分配格局下实现资源的有效配置，却无法改变原有的收入分配格局。竞争性的市场可能会带来很不公平的收入分配结果，造成社会贫富差距过大的状态。

对整个社会来说，最佳的资源配置是必须要考虑社会公平因素的。如果社会不公平超过人们的心理承受能力，将导致社会不稳定，从而破坏社会经济，经济效益也不复存在。因此，公共产品的有效供给也必须考虑社会公平的因素。社会公平依赖政府提供一个通过公共产品供给和公共支出的调整方案来实现。

由于市场机制存在不可避免的缺陷，不能使资源配置达到帕累托最优，所以，市场经济中政府的作用必不可少。

三、政府在矫正市场失灵中的作用

市场经济中，政府有以实现社会政治稳定、政府自身存在与发展等为内容的政治作用。同时，因为市场失灵的存在，政府还要发挥适当干预经济的作用。而作为直接计划配置资源手段的政府财政，必须介入和参与到政府克服和纠正市场失灵当中，并且通过自身的收支活动，服务和支持政府的干预活动。

（一）增加公共产品的供给

政府解决公共产品问题的最重要方式就是运用财政手段。一方面，政府直接参与提供公共产品的供给，这就需要由政府财政予以资金上的支持；另一方面，针对公共产品所固有的、通过市场方式所无法有效解决的“免费搭车”现象，政府可以运用政治权力，对公共产品的需求者——社会公众课征税收，取得财政收入，并由此而获得公共产品的价值补偿。

（二）有效平衡外部效应

政府可以通过行使公共权力，把外部性的成本和收益内部化，使外部性的生产者要么承担成本，要么享受收益。财政在解决外部效应问题时，对从事具有正外部经济效应产品的生产经营，通过财政补贴或减免税收等形式，使该产品的个人收益能够与其所产生的社会效益对等，鼓励该产品的生产经营者将生产经营规模扩大到正常水平，克服社会在该产品上配置过少的弊病。对从事具有负外部经济效应产品的生产经营，一方面，对其生产经营行为征税，使该产品的生产成本提高，以克服该产品在生产经营时由于企业或个人负担的社会成本过低，而导致社会资源过多地配置到这类产品的情况。另一方面，政府可以通过罚款等行政手段或法律手段对负外部效应进行严格管制。

（三）有效管理不同性质的垄断

政府对于市场垄断的干预，要根据具体情况，采取不同的政策手段，包括法律手段、行政手段和经济手段等。政府通过制定和实施反垄断法，在垄断行业建立多个相互竞争的公共企业，对垄断行业的企业进行管理和分拆以及依靠专利保护法案来改变垄断状况。而财政作为重要的经济政策工具，是其中重要的参与者，这主要表现为财政在克服因自然垄断而引起的市场失灵方面所起的重要作用。

所谓自然垄断，是指某一行业由于在生产上具有规模报酬递增的特点，为了避免由于无谓竞争而引起的经济资源浪费，在某一地区只需要由一家企业进行独家经营的垄断局面。这类情况通常存在于供水、供电、供热、供气、电信、铁路、市内交通等部门。与其他市场垄断不同，对于自然垄断行业来说，竞争反而会造成低效率。因此，需要由政府出面，对具有自然垄断性质的行业实行市场准入限制，维持其独家经营的局面。同时，为了避免该行业依靠其垄断地位进行牟利，政府又需要对其服务收费制定标准，实行限价政策。自然垄断行业大多与居民的日常生活和生产有着密切的关系，都具有一定的公共服务性。政府出于提供社会福利方面的考虑，通常对自然垄断行业的服务制定较低的价格。当企业的生产经营只能获得低利微利时，企业和行业的发展往往需要依靠财政贷款的支持，而企业的亏损则需要财政补贴来弥补。

（四）控制风险和不确定性

风险和不确定性是客观存在的。政府控制风险和不确定性的核心目标是努力保证市场供求双方关于交易对象的信息是充分的、完全对称的。政府主要通过制定类似“消费者权益保护法”、规范产品广告，制定上市公司信息披露规则并实行严格监管等手段，提高人们对信息的甄别能力。以帮助社会经济活动参与者提高对事物正确的判断能力，从而控制系统性的风险，对不确定性事项事先采取预防措施。

（五）促进社会公平

社会分配不公平是市场失灵的表现之一。市场经济条件下，解决社会分配不公问题，一般要依靠财政手段进行。财政手段主要是税收和补贴。通过征收个人所得税、财产税和遗产税等，大幅度削减高收入阶层的收入，通过实行社会福利政策，为低收入阶层提供各种补助和津贴，把财政资金转移给社会低收入者。这样，在社会福利分布的高峰和低谷之间，通过削平峰尖、填补谷底的办法，缩小收入差距，缓解分配不公的状态。当然，各国政府还往往通过制定最低工资标准等方法，在一定程度上防止贫富悬殊状况的出现。政府通过这些再分配工具，可以对参与收入分配的各利益主体关系进行调节，使利益主体之间的收入分配差距保持在合理范围之内，实现收入公平分配的目标。

（六）维护经济稳定

对宏观经济实施间接调控，是市场经济中政府经济干预职能的一个重要内容。为了减缓经济波动，解决宏观经济失衡以及由此而直接导致的失业、通货膨胀和经济剧烈波动等后果，政府通常必须运用多种政策手段进行干预，而财政政策与货币政策则是其中最基本的两大政策工具。当社会总需求明显超过总供给（经济过热）时，政府财政可以通过减少支出，压缩政府需求；或增加税收，减少非政府部门需求，以抑制社会总需求。当社会总供给明显超过总需求（经济萧条）时，政府财政可以通过增加支出，增加政府部门的需求；或通过减少税收，扩大非政府部门的需求，以刺激社会总需求。只有社会总需求与总供给大体平衡，才能间接调控社会的就业状况、通货膨胀上涨的幅度和外汇收支的平衡状况等宏观经济指标，才能尽可能地维持国民经济的稳定发展。

四、市场与政府的关系

政府与市场的关系是一个历史上争论不休的论题。在战乱和经济危机的情况下，政府的作用凸显；在和平和经济繁荣的情况下，市场自发的资源配置作用占主导地位。20 世纪 30 年代经济危机之后，又爆发第二次世界大战，政府的主导性逐渐增强。20 世纪 50 年代尤其是 70 年代以后，自由市场势力逐渐增强。2008 年后又爆发金融危机，政府又不得不出来加大经济干预。由此可见，市场失灵、市场运作可能引发的经济矛盾和危机，需要政府运用法律手段干预调整以解决危机。当然政府也不是万能的，也可能出现政府失灵。一旦政府失灵，市场运行将成为无政府、无管理、无法治的混乱状态，市场也将失灵。因此，需正确认识政府与市场的关系，明确界定政府与市场在经济社会活动中扮演的角色。第一，应认清市场的主体地位。在经济运行中，市场居于主体地位；政府从属于市场，服务于市场，维护市场秩序而居于次要地位。第二，在市场经济条件下，政府是市场的服务者，为市场提供交通、设施、场地、环境。第三，政府是市场的管理者，维护市场的安全、秩序。第四，政府是市场的受益者，解决就业，增加税收。第五，市场的运作是按照经济规律和法律法规有机地运行。市场经济运行下需要政府发挥各种功能以矫正市场失灵，财政和税收就是政府众多手段中的一个组合，所以，对营利性组织财政补贴不可或缺，营利性组织财政补贴具有必然性。

第二节

营利性组织财政补贴的必然性

一、矫正外部性与营利性组织财政补贴

外部性是指“一个经济主体的行为对另外一个经济主体的福利所产生的效果，而这种效果并没有通过货币或者市场的交易而反映出来”。外部性分为正外部性和负外部性。正外部性是指某个经济行为个体的活动使他人或社会受益，而受益者无须花费代价。负外部性是指某个经济行为个体的活

动使他人或社会受损，而造成外部不经济的人却没有为此承担成本。在现实社会中有很多具有正外部效应的行业，如关系到国计民生的农业、教育、医疗、社会保障等领域，由于外部性的存在，导致一方对另一方或其他诸方的利益造成的损害或提供的便利，不能通过市场加以确定，也难以通过市场价格进行补偿或支付，必然引起具有正外部性的活动或行为供给不足，而具有负外部性的活动或行为屡禁不止，如环境污染严重就是负外部性的例证。

外部性理论的意义在于它否认了边沁的功利主义原则，揭示了在自由放任的市场经济中私人成本和私人利益同社会成本和社会利益的背离，其政策含义则是主张政府积极地参与和干预社会经济的运行，利用外部经济，限制外部不经济，借以优化资源配置。因此，外部性常被用来论证市场失灵、需要政府干预的依据。由于市场机制在矫正外部性问题上存在局限性，在这些市场失灵的地方就需要政府的干预和补救，使资源配置达到帕累托最优。通常情况下，政府会通过政策规制或者罚款等方式来矫正负外部性，而通过税收优惠或者政府财政补贴对正外部性进行矫正。政府对于长期产生正外部效用的利益主体给予政府补贴，使其生产规模得以扩大以更加适应社会的需要，使外部化转向内部化。例如对于环保行业的企业给予财政补贴就是为了弥补正外部性存在而导致的供给不足。保罗·A. 萨缪尔森（1973）也曾论证了“外部负经济效果”和政府补贴之间的关系。他在《经济学》一书中提出：当世界价格相对低廉时，政府应该补贴石油进口和储存，这有助于对付国际政治斗争和经济利润动机导致的石油禁运。由于“外部负经济效果”不可能被竞争和利润追求所纠正，因而政府必须把工业区和住宅区划分开来，颁布各种法令和禁令，实行计划和调整，给予补贴或采取赋税惩罚措施。

在营利性组织的各项经济活动中，研究与开发活动是典型的具有正外部性的行为。OECD（2002）的实证研究表明，企业 R&D 支出对生产力具有显著的正向影响，即企业 R&D 支出产生大量外部效应，并且这一正向影响自 1980 年以来随着时间的推移而持续增长；熊彼特（Schumpeter，1961）和阿罗（Arrow，1962）的研究表明，由于模仿和外部效应，R&D 活动的私人收益低于它的社会收益。正因如此，研究和开发领域是美国甚至所有工业化国家政府都直接或者间接进行资助的领域，通过财政现金补贴或者税收减免等方式资助企业和非营利性机构进行研究和开发，以促进企业的科研支出以及整个社会科研水平的提高。

具有正外部的研发活动需要政府财政补贴予以激励，其内在机理在于，一般情况下任何一项有突破性进展的基础科学和先进技术的发现，对许多领域都有重要影响。基础科学的突破会带来技术的全面更新，技术的更新将导致生产率的全面提高。但是，基础科学和先进技术研究的利益是“外溢”的，从事这些研究的单个企业或机构不可能将其全部利益占为己有。另外，研究所花费的成本可能很大，成功的可能和完成的日期也相当不确定。这就是说，对于单个企业或机构来说，基础科学和先进技术研究的得益（社会的）和成本（私人的）是不对称的。在缺乏完全转移风险办法的情况下，即便社会对研究开发的成果需求甚大，仅仅依赖市场机制，投入研究开发领域的资源也不可能达到应有的规模。缺乏应有的资源，科学技术不可能迅速发展。对于国民经济总体来说，这意味着效率的损失。

这时就需要政府出面了。政府可以直接出资兴办研究事业，但政府资力有限，且大多数科学技术都不具有完全的公共产品性质，政府完全包揽是不适当的。比较有效率的办法，是政府拿出一定的资金，给从事研究开发的企业和单位以适当的补贴，借以推动科学技术的发展，并将其外部经济扩散到全社会。

环境污染是外部不经济的示例。解决环境污染问题的核心，是使受害者得到应有的补偿。可以考虑的办法有三个：其一，内化方式。让涉及外部影响的双方在财产权方面进行协商，例如可将污染单位和被污染单位合并起来，使它们在财产权上居于一体，让外部影响内在化。其二，协商方式。可以成立一个地区性管理机构，把污染者和被污染者集合在一起，通过协商，由污染者支付一笔资金补偿被污染者。其三，课税补偿方式。如果污染者和被污染者人数众多，特别是在被污染的一方，往往根本不可能把它们组织起来同污染者进行协商。这就需要政府介入。政府一方面向污染方课征特别税，另一方面则用征得的税金去补贴被污染者。通过“课

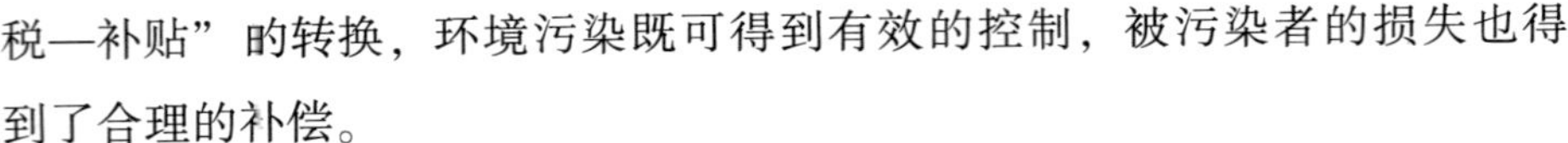

税—补贴”的转换，环境污染既可得到有效的控制，被污染者的损失也得到了合理的补偿。

外部性理论显示，政府对某些营利性组织提供补贴是必要的，它能激励具有正外部性的营利性组织持续经营与发展。同时，也为独立第三方评价营利性组织财政补贴资源配置的合理性提供依据，它要求政府向具有正外部性的组织提供财政支持，以纠正具有正外部性的产品供给不足。

二、公共产品供给与营利性组织财政补贴

前已述及，完全市场经济会导致市场失灵，市场失灵需要政府干预经济来矫正。政府矫正市场失灵的过程，也是政府财政目标实现的过程。配置资源的职能是指财政具有通过一定的方式，特别是通过资金、财力的分配，引导人才和物力的流向，最后形成一定的资产结构、产业结构和技术结构，促进资源配置趋向帕累托最优状态的功能。

保证全社会的人力、物力和财力等资源得到有效的利用，通过财政分配最终实现资源的优化配置，以满足社会及成员的需要。由于资源具有有限性，就有必要对社会资源在各种可能的用途之间进行选择，尽可能使一切资源被有效利用，以获取最大可能的配置效益。资源优化配置的实现决定于市场失灵的程度、人们对政府的态度以及对财政配置资源的成本与收益的比较。

在社会主义市场经济条件下，财政之所以具有配置资源的功能，原因在于市场存在缺陷而不能有效地提供资源配置。本来，配置资源是市场机制的职能，即市场机制是配置资源的主要形式。市场这只“看不见的手”在配置人力、物力、财力资源方面有着重要的作用，但是市场配置资源是基础性的，而且市场也具有自身的弱点和消极的方面，例如生产和消费的供求信息不足，资源的转移受到限制等；市场对生产和消费偏重于内在成本和效益，但从整个社会来考察，不仅应注重内在成本和效益，而且还应注重外在成本和效益；市场只能提供具有市场供求关系且能够获得直接报偿的市场商品和服务，而不能囊括社会需要的全部商品和劳务（如公共卫生、行政管理、国防等）。市场的基础性作用及其存在的弱点和消极方面，

需要财政配置资源的职能来调控和克服。

财政配置资源的领域是宽泛的，如配置资源于社会公共部门，以提供社会所需要的包括国防、警察、环保、水利、气象等公共产品；配置应由财政承担的部分资源于具有准公共产品性质的教育、医疗、保健等部门；配置资源于具有自然垄断倾向而导致竞争无效的行业和部门，即因存在规模效益递增易形成垄断，导致市场配置无效或低效的如铁路、邮电、电力、公用煤气、自来水等部门；配置资源于基础产业如农业、原材料、交通运输、能源等部门以及具有风险大而又难以预期收益的新兴产业、技术开发等。

财政配置资源的形式是多样的，有些属于直接配置，有些属于间接配置。直接配置即政府把自身掌握的资源投资在"内部不经济"等市场失灵的领域以及对竞争性、营利性国有企业进行投融资，如一些公共产品的供给、基础产业的投入以及关系到人们切身利益的相关公共企业的投资。财政直接配置资源是再生产内部的配置。间接配置指政府通过制定财税政策引导、改变资源流向的一种配置，它可以为再生产提供外部条件。如对成本外溢的项目，像对制造环境污染的企业进行罚款或征收污染税，使其增加相当的成本；对收益外溢的项目进行财政补贴，使其增加收益来调节资源配置方向；对易形成垄断经营的企业，通过限定价格，并由财政予以补贴来实施干预。总之，恰当地运用直接和间接两种配置方式，可以有效地提高财政配置资源的效率。

由此可见，政府运用"看得见的手"矫正市场失灵，优化资源配置时必须使用财政补贴手段，因此，营利性组织财政补贴具有必然性。

三、促进经济发展与营利性组织财政补贴

近代以来经济学文献中的经济发展，一般是指一个国家经济从以传统农业为中心的缓慢增长形态，转变为以现代工业为中心稳定、迅速增长形态的过程，虽然信息技术发展催生出了许多新兴业态，新商业模式和盈利模式不断推陈出新，但从本质上来讲，还是从产品渠道、服务方式、合作形式、利益分配机制等方面进行了创新，对现代工业的依赖以及发展现代工业的方向并没有改变。

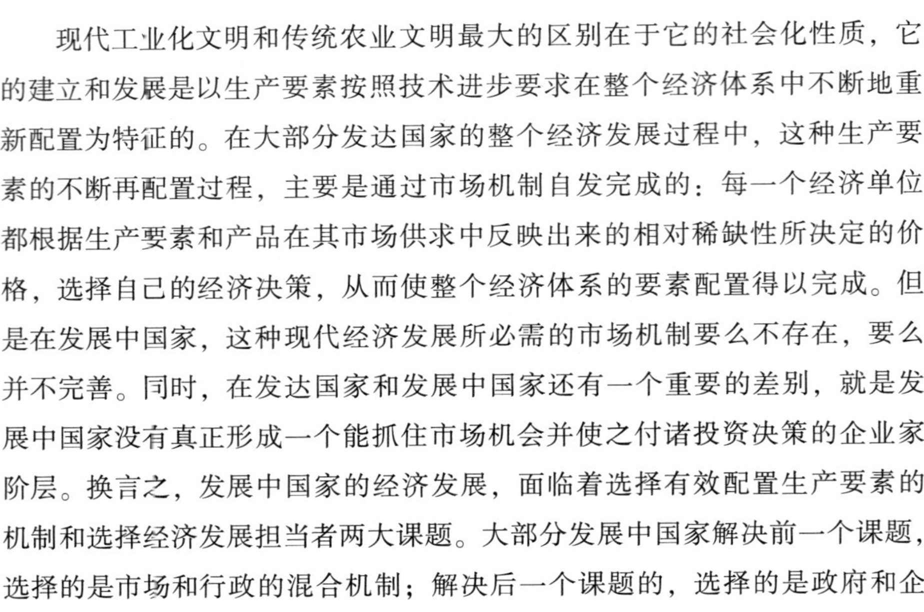

现代工业化文明和传统农业文明最大的区别在于它的社会化性质，它的建立和发展是以生产要素按照技术进步要求在整个经济体系中不断地重新配置为特征的。在大部分发达国家的整个经济发展过程中，这种生产要素的不断再配置过程，主要是通过市场机制自发完成的：每一个经济单位都根据生产要素和产品在其市场供求中反映出来的相对稀缺性所决定的价格，选择自己的经济决策，从而使整个经济体系的要素配置得以完成。但是在发展中国家，这种现代经济发展所必需的市场机制要么不存在，要么并不完善。同时，在发达国家和发展中国家还有一个重要的差别，就是发展中国家没有真正形成一个能抓住市场机会并使之付诸投资决策的企业家阶层。换言之，发展中国家的经济发展，面临着选择有效配置生产要素的机制和选择经济发展担当者两大课题。大部分发展中国家解决前一个课题，选择的是市场和行政的混合机制；解决后一个课题的，选择的是政府和企业家共同发挥作用。

在促进经济发展的政策体系中，不管是市场和行政的混合机制，还是政府和企业家共同发挥作用，财政补贴都扮演着十分重要的角色。对重点发展的产业和部门提供直接补贴、税收减免、利息补贴、研发支出加计扣除以及加速折旧优惠等，都既有利于实现倾斜发展战略，又无损于市场机制的发展完善；而且，由于政府并没有大规模地卷入直接生产活动，它还可以根据需要灵活地调整发展的重点。所以，财政补贴在促进经济发展中起着必不可少的作用。

运用财政补贴手段促进经济发展，不仅发展中国家非常普遍，在发达国家中，这一手段也一直被广泛运用着。纵观历史，不难发现西方国家的出口贸易几百年来几乎一直享受补贴，美国殖民地时期结束后对西部土地的开发以及大规模的铁路建设，都得到了各级政府的财政支持。德国工业在 20 世纪的迅速崛起，更是在国家的大量补贴支持下实现的。即使在目前，西方各国家依然对某些被认作为“关键性”的部门支付着大量补贴。日本的情况就可能更典型，在它的经济发展产业政策体系中，财政补贴就是不可或缺的重要组成部分。

四、垄断行业管制与营利性组织财政补贴

一个国家在发展本国经济时，需要制定合理的产业组织政策，以此塑造合理的市场结构和培养合理的市场行为，以取得理想的市场效果。产业组织政策的核心问题是处理好竞争同垄断的关系，目标是在保护市场机制下竞争活力的同时，充分利用规模经济。

一般认为，完全竞争是最理想的产业组织状态，因而产业组织政策的首要目标是克服垄断。为此，西方各国都制定了大量的反垄断法案和反垄断措施。即使是在进行经济体制改革的各发展中国家，反垄断问题也已提上了议事日程并日益引起重视。但是，在反垄断的过程中，人们不得不承认如下两个事实：其一，自由竞争不断地产生着垄断；其二，垄断在中外经济学文献中固然一片声讨声，但是，从经济发展上看，它的历史进步性却也不可抹杀。因为垄断与规模经济如影随形，并为规模经济提供了一个（可能不是唯一的）适当的社会形式。

市场失灵导致垄断的存在不可避免，垄断利弊并存，在一定程度上为组织规模经济提供了实现方式。因此，经济政策应该在完全竞争与垄断之间寻求某种平衡。财政补贴就是贯彻产业组织政策的重要工具。一方面，保留垄断从竞争机制中滋生出来并给经济带来的好处，另一方面，又克服垄断削弱竞争活力，降低资源配置效率的不利影响。

垄断之所以不能使资源配置效率达到帕累托最优，关键在于垄断企业的产品一般不根据边际成本定价，而根据平均成本定价。由于垄断企业的生产存在着规模经济，它们的边际成本是随产量的增加趋向下降的，按照平均成本定价，使垄断企业获得了垄断利润。依照平均成本确定的价格，一方面使垄断企业的生产能力得不到充分利用，另一方面则阻碍了资源在垄断部门和其他部门之间的流动；总的结果是使资源配置在垄断部门中的量过少，进而使全社会的资源配置达不到最优水平。

政府在克服垄断弊端上的政策参照来自自由竞争市场形成的均衡价格体系。即在充分竞争市场上形成的均衡价格体系，可以引导资源的配置达

到最优，同时使总产量达到最大。所以，一方面，政府可以通过各种反垄断措施努力创造尽可能接近自由竞争的市场环境；另一方面，在垄断现实地存在着的条件下，可以通过影响和控制垄断企业的价格，尽可能使市场价格体系逼近在原子式自由竞争市场上可能达到的状态。

将垄断企业价格确定在等于其边际成本的点上，无疑损害了垄断企业的利益。如果不诉诸行政手段，仅仅依靠某种“道义劝告”或社会舆论，不足以使垄断企业将其产品价格降低到与其边际成本相一致的水平。可行的办法是，提供经济刺激诱引垄断企业这么做。最常用的经济刺激办法是向垄断企业提供直接的或间接的财政补贴，补足其平均成本与边际成本之差，以此保证垄断企业获得垄断利润。至于补贴资金的来源，可通过某种普遍课征的税收（以直接税为优），最好是通过向成本递增产业增课间接税来筹集。在西方国家里，诸如铁路、公路、电力、造船、运输、军工等产业大都以上述理由直接或间接地获得财政补贴。通过对垄断企业实施补贴，一来可以降低垄断产品的价格，扩大垄断产品的产量，从而使购买这种产品的消费者和企业获利；二来可以扫除价格壁垒，便于其他厂商进入这一垄断产业，提高该产业内的竞争程度。综合的结果是使资源配置的效率得到提高，全社会的总产量得以增加。

五、经济结构调整与营利性组织财政补贴

世界各国的财政补贴支出都有相当一部分用于经济结构调整目的。对结构性萧条产业的补贴、对居民支付的各类价格补贴，以及（在一定程度上）对农业的补贴，基本都可以归属于此类。这一类财政补贴的合理性既可由政府的经济政策目标来解释，也可由政府的社会政治目标加以说明。

经济结构调整面临的一个棘手问题是结构性萧条产业和落后产能问题。结构性萧条产业是一个很难准确界定的概念。它可以指衰退产业，也可以指因某种长期性经济循环变动而产生的萧条产业。从经济发展的角度来确定结构性萧条产业可能比较适当。经济发展意味着技术进步及其被广泛而迅速地运用于生产领域。它还意味着伴随着人均国民收入水平的提高，社

会需求结构在不断发生变化。由于技术进步和社会需求结构变化而产生长期萧条，并且很难指望因这些因素的未来变化走出萧条境地的产业，可称为结构性萧条产业。既然是结构性萧条产业，其解决办法就只能是“关、停、并、转”，化解落后产能，处置僵尸企业。在“关、停、并、转”的过程中，各种各样的摩擦不可避免。减少这些摩擦，弱化它所引起的经济、社会动荡，是政府不可推卸的责任。在调整结构性萧条产业的过程中，停产企业过剩设备的处理（封存、停用和转卖）、转产企业的投资和失业工人的安排，是应由政府协助企业解决的主要问题。政府解决这些问题的重要手段之一是向结构性萧条产业提供财政补贴，借以稳定被调整产业的收入并诱导它们进行积极的调整。即使是在结构性萧条产业“关、停、并、转”的过程中，为保持经济与社会的稳定对居民支付的用于弥补调价造成的实际收入降低损失的各类价格补贴，也可以列入财政补贴的范畴。

六、促进国际贸易与营利性组织财政补贴

几乎没有一个国家的进出口活动不受到财政补贴的支持。这样做所要达到的政策目标，一是扩大本国出口，二是保护本国的进口竞争部门的发展，三是稳定国内价格，从根本上说，则是为了使本国在经济发展的过程中同时保持对内均衡和对外均衡。

传统的扩大本国产品出口的办法是有意贬低本国货币的对外价值。但是，会产生以下问题：①这种以邻为壑的办法常常引起别国的报复。②本国货币贬值固然可以增强本国产品在国际市场上进行价格竞争的能力，从而有扩大出口量之效，然而，贬值国的国际收支是否得到改善，还要看外国对本国产品需求的价格弹性和本国对外国产品需求的价格弹性如何。③对于发展中国家来说，本国货币的贬值会增加购买国外产品的货币支出（以本国货币衡量），这会降低引进国外先进技术和设备的能力，从而对经济发展产生不利影响。

对涉外营利性组织出口补贴是替代货币贬值的合适的政策手段。它既没有货币贬值的负作用，又能帮助政府实现扩大产品出口的目标。当然出

口补贴也是为国际社会所不允许的，因而各国的出口补贴大多采用各种比较隐蔽的形式，如给出口企业以低息贷款、财政贴息、税收优惠，提供低价运输条件、低价仓储条件、出口奖励等。

对进口的营利性组织提供财政补贴是用来替代进口关税的一种保护性手段，对营利性组织实施补贴可降低进口竞争部门产品的价格，使进口产品和国内同类产品的相对价格形成较大的差额，从而产生阻碍国外产品进口的效果。对进口企业或进口产品提供财政补贴，一般都被限制在比较狭小的范围内。因为进口补贴既增加了本国进口，又增加了财政支出，这对一国的内外平衡均有不利影响。实施此类补贴的条件，一是进口产品应是国内供应短缺的产品，二是进口产品的价格较国内同类产品的价格为高（均以相同的货币单位衡量）。因此，进口补贴的经济意义在于稳定国内价格，除非国内供应短缺极大，并且稳定物价具有相当的紧迫性，一般国家都不轻易采用这一手段。

第三节 我国现阶段营利性组织财政补贴的目的和类型

许多文献对政府为什么给营利性组织财政补贴进行了研究，同时各级政府对营利性组织实施财政补贴的各种文件中也突出表达了补贴的目的和意图。通过整理有关研究文献和补贴文件，可以将政府对营利性组织实施财政补贴的目的概括为以下七个方面，即加强地方经济竞争力的需要、实施地方产业发展政策的需要、发展地方经济的需要、增加地方就业的需要、维持地方财政收入增长的需要、维护地区形象的需要、保证政绩考核的需要。

一、我国现阶段营利性组织财政补贴的目的

（一）加强地方经济竞争力的需要

本书前面已经提到，政府有足够的动因提高本地公司竞争能力，因此，政府为了加强地方经济竞争力给予本地公司支持，支持的方式有实施财政

补贴、税收优惠等。根据陈晓、李静（2001）发现，地方政府通过财政补贴帮助上市公司达到配股要求或避免退市风险。

（二）实施地区产业发展政策的需要

地方政府是地区经济的管理者和受益者，也具有自己的地区产业发展政策。各地政府有强烈的动机将地区产业和经济发展的方向导向高利润和高发展速度的部门。这些地方政府的产业政策主要是希望优先发展某些产业部门，促进落后产业的转型。营利性组织是地区经济活动的主体，地方政府只能通过经济政策，诱导产业发展的方向，地方产业发展政策的实施手段之一就是给予补贴，以推动某些产业的发展。比如，财政部门拨付给企业用于购建固定资产或进行技术改造的专项资金，鼓励企业安置职工就业而给予的奖励款项，拨付企业的粮食定额补贴，拨付企业开展研发活动的研发经费等，均具有产业导向目的。2003 年，ST 松辽获得 1 亿元财政补贴，具体公告：苏家屯区政府根据沈阳市政府以汽车工业为支柱发展地区经济的指导方针，公司和沈阳市中顺汽车有限公司被纳入沈阳市政府发展汽车产业的“2+1”工程，于 2003 年 12 月，向企业拨付企业发展扶持资金 1 亿元，以帮助公司发展生产。2003 年，江西新余市为了支持新钢转炉下山和高速线材两个重点项目，该市优惠供应土地 250 亩，为企业节约资金2500 万元，为支持新上中厚板技改工程项目减免征地、搬迁费用 5000 多万元。

（三）发展地方经济的需要

在财政分权和政治集权的制度设计下，中国地方政府间相互竞争的压力不仅来自于地方政府的财政压力，而且还来自于地方官员的政治晋升压力（周黎安，2004）。这使得中国地方政府之间的关系最终表现为“为增长而竞争”的竞争态势（张军，2005）。所以，我国地方政府更具有提高本地区经济发展速度的动机。据考察，地方政府大多把“提高经济发展速度”作为第一职能，各地各级政府有强烈的产值速度意识和速度攀比情绪。在我国经济增长依然依赖投资推动的情况下，地方政府使用补贴政策可以显著地促进地区投资增长，大量投资在短时间内就会使得地区生产总值迅速提高。

不仅经济实践验证了适当使用财政政策有利于地方经济的发展这一认

知，而且学术研究也检验了财政补贴手段对推动经济发展的有效性。美国财政学家阿托·埃克斯坦（1998）以美国的经验数据为基础，使用800个等式模型对公司所得税的影响进行估计，结果表明：在1970~1980年，如果公司税累计降低15%~30%，会使得企业投资和股本分别增加15.5%和9.9%；罗格·高登和达里·乔根森（1988）的研究结果则表明：在1964~1974年，如果投资税收抵免率从7%提高到15%，就会使股本增加12.5%。在中国地方企业的实践中，某些补贴项目的投资带动作用要远超过这两项研究的结果。浙江省1998~2001年全省地方各级财政共安排各类贴息资金35.6亿元，其中技术改造贴息达22亿多元，带动企业完成技改投资总额548亿元。对浙江省欠发达地区丽水的调查显示，四年财政贴息与拉动企业技改资金总额分别增加5.11倍和2.25倍（王凤祥等，2006）。所以，在一般意义上，对于地方企业适当的补贴，有利于激活地方的经济发展，提高经济运转的速度。

（四）增加地方就业的需要

有关研究表明，财政补贴能提高地方的就业水平，保证社会的安定和经济的平稳发展。一方面，经济增长本身就与就业有着不可分割的关系。企业的发展壮大会更多地吸收劳动力，在很大程度上能够缓解地方的就业压力。另一方面，中国地方政府对中小企业的扶持性补贴政策，如担保贴息、展览补贴之类的，本身都含有推动经济发展、促进就业的目的；地方政府对本地企业兴扩建项目的土地进行优惠，也有促进就业的目的。在本地企业出现经营困难的时候，如果该企业直接或间接提供了大量的就业机会和税源，地方政府会有为其提供资助以帮助其渡过难关的动机，即使有时候会违背市场公平竞争的原则。在中国某些中小城市，单一企业或产业提供的就业和税收占城市总体很大份额，企业经营状况对于城市经济和社会稳定有着巨大的影响。在这种情况下，企业实际上提供了一种公共产品、产生了一种公共利益，地方政府也就难免提供倾向性的补贴。西方发达国家的地方政府更侧重于将补贴与企业创造的就业机会联系在一起，对创造大量就业机会的项目给予重点扶持；在产业大衰退时期，为保持就业机会，维持经济的稳定，地方政府也提供一定程度的补贴。

对于中国这样一个人口众多的国家，就业永远是一个大问题。地区就业问题直接关系到地区的稳定和居民的福祉，创造就业机会、维持地区就业市场的稳定是地方政府的重要职责。营利性组织可以创造和维持大量的就业机会，地方企业的兴衰直接关系到本地居民的就业，以及他们的福利和社会的稳定，所以政府对企业的补贴大量是与就业目的结合在一起的。如2005年初上海宝山区顾村镇工业园区政府出台《顾村镇关于促进就业的若干措施》，明确规定对招聘本地劳动力的企业给予奖励和补贴，只要企业招聘本镇的富余劳动力、城镇失业人员等求职者，企业可以按每人每月200元的标准获得镇财政补贴，招募人员达30人以上者，政府一次性给予奖励1万元。这种补贴方案从短期来看既减轻了政府对无业人员提供生活保障的负担，又在降低企业聘用人员成本的同时稳定了企业的员工队伍，提高了员工的整体素质。从长期来看，即使将来政府取消该补贴，企业也会因为员工的熟练程度和工作技能而留用职工，从而使财政补贴取得长期稳定的绩效。

（五）维持地方财政收入增长的需要

营利性组织提供的税收占地方财政收入的主要部分，对政府提供公共产品、满足居民的福利意义重大。没有足够的税源，就无法满足政府各项基本开支，也无法取得用于居民各项公共福利的开支，所以地方政府为了自身的利益和地方的稳定，为了稳定的财政收入，必然要留住本地企业、阻止企业外流、促进本地企业发展。为此一个重要的手段就是对营利性组织提供补贴，以换取更大的财政收入。

在有效使用补贴资金的条件下，受补贴的企业无疑能为政府创造收益。企业使用补贴资金所产生的收益可以是直接和间接的、短期与长期的、内部和外部的、微观和宏观的。这里的收益就是补贴增加企业的资本和投资，促进经济增长，带动本地相关企业的发展，增加或维持就业机会，以短期的政府预算资金减少换取未来更多的财政收入，甚至可以改善地区经济发展环境。

（六）维护地区形象的需要

各个地区都有自己独特的吸引力，企业也是提高地方知名度的一个重要方面，知名企业的存在与发展，无疑是一个地方经济发展程度和竞争力

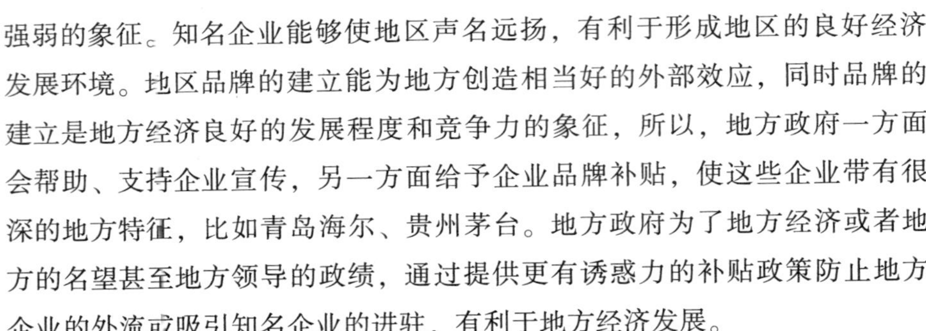

强弱的象征。知名企业能够使地区声名远扬，有利于形成地区的良好经济发展环境。地区品牌的建立能为地方创造相当好的外部效应，同时品牌的建立是地方经济良好的发展程度和竞争力的象征，所以，地方政府一方面会帮助、支持企业宣传，另一方面给予企业品牌补贴，使这些企业带有很深的地方特征，比如青岛海尔、贵州茅台。地方政府为了地方经济或者地方的名望甚至地方领导的政绩，通过提供更有诱惑力的补贴政策防止地方企业的外流或吸引知名企业的进驻，有利于地方经济发展。

（七）保证政绩考核的需要

在制度经济学的理论大厦中，国家理论在产权的起源、界定和保护中起着不可替代的作用。诺思认为，政府既是一个具有自身效应最大化的组织，也是一个实现社会效用最大化的机构。政府履行其产权再分配职能可以用两种政策手段：一种是运用政府的强制权力来征税和分派转移支付，以弱化甚至消除竞争博弈的后果；另一种是通过直接干预交易私人产权的竞争基础，通过影响财务资本、组织资本和人力资本的积累，通过干预缔约自由，改变市场的运行（柯武刚等，2000）。那么就可能出现政府为了自身利益最大化而进行转移支付的情况。在现实中，政府特别是地方政府面临各种考核要求，其中上市公司数目成为衡量地方政府政绩的重要指标，在这种情况下地方政府通常希望本地上市公司越多越好。而由于证券市场配股和 ST 刚性制度的存在，一些地方政府为避免上市公司退市，给予上市公司巨额的政府补贴，帮助其“扭亏为盈”，同时也给自己创造一个漂亮的考核结果。基于这种动机的补贴在上市公司屡见不鲜，如 S *ST 集琦 2008 年亏损 5810 万元，2009 年前三季度亏损 1938.86 万元，为确保公司 2009 年扭亏为盈，避免暂停上市风险，公司所在地政府 2010 年初同意给予 1310.72 万元税款先缴后返的财政政策，同时公司通过与银行签订减免利息等合约，最终扭亏为盈，化解危机。

二、我国现阶段营利性组织财政补贴的类型

西方经济学家虽然对财政补贴的定义争论甚大，对补贴项目的命名也

见仁见智，但是，对于财政补贴所包括的主要内容，意见却比较统一。大多数经济学家认为，西方国家的财政补贴，主要由如下六个部分构成：①无偿付给企业和个人的资金；②实物补贴（政府以低价出售商品）；③购买补贴（政府以高于市场的价格从私人企业手中购买）；④税收支出；⑤财政贴息；⑥规章制度补贴（政府有意识地规定某些产品的价格或进入某些市场的条件，使特定的集团获利）。

现阶段，我国营利性组织财政补贴具有不同的目的、不同的形态、不同的制度要求和不同的核算方法，因此，可以从不同的角度分类，全面认识我国营利性组织财政补贴。

（一）按照补贴对象的规模分类

营利性组织财政补贴按照补贴对象的规模分为大型企业补贴和中小企业补贴。

专门针对小企业的补贴主要为中小企业担保补贴、出国展览补贴、中小企业扶持补贴等；专门针对大企业的补贴项目主要为亏损补贴、产业发展扶持基金、技术改造补贴等。

（二）按照补贴动因分类

营利性组织财政补贴按补贴动因可划分为主动性补贴和被动性补贴。

主动性补贴主要是地方政府出于刺激地区利益的考虑，主动给予的补贴。被动性补贴主要是地方迫于无奈所给予的补贴。后者一般在两种情况下给予，即企业迁移的威胁和企业因亏损经营条件恶化。

（三）按照补贴资金支出形态分类

营利性组织财政补贴按照补贴资金支出的形态可分为实物补贴、现金补贴、税收支出和财政贴息。

实物补贴是指地方政府以低价或免费向企业提供商品，如土地的划拨或低价协议出让，相当于“暗补”。现金补贴是指地方政府直接以现金形式向企业提供补贴，如企业亏损补贴或针对特别项目的补贴，相当于“明补”。税收支出包括税收减免和返还。税收减免是政府根据有关规章制度对企业应纳税收给予一定程度的豁免。税收返还是指政府将企业所缴纳的税收额按一定比例返还给企业，税收返还与上缴的税收挂钩，并予以专项返还。许多地方政府的做法是按照国家的规定，对企业先行征税，然后根据原先与企业签订的协议，以财政奖励或补贴的名义返还给企业。财政贴息是指财政支付部分或全部贷款利息，由企业负责本金和其余利息的偿还，这使得政府资金的使用方式由原来的直接投入、全额投资转变为间接投入、部分出资，采取这种方式能够降低企业的资金成本，带动地区投资的增加，其乘数效应远大于其他方式。

（四）按照政府补贴的作用分类

营利性组织财政补贴按政府补贴的作用分类主要包括企业发展资金补贴、科技发展资金补贴、工业技术改造财政贴息、土地优惠补贴、税收减免与返还、其他补贴。

企业发展资金补贴是政府直接提供现金补贴给企业，以促进企业发展。通常只要政府认为可以给，就以现金形式给企业扶持发展补助，这已成为地方政府给予企业利益支持的主要渠道。科技发展补贴资金的使用是为了弥补部分或全部科技费用，受资助的主要环节为新产品试制、中间试验、重大科研攻关。工业技术改造财政贴息是地方政府依据产业政策和规划的需要，支持企业的技术改造，对技术改造的投资资金进行贴息补贴，以降低技术改造的成本，促进企业固定资产投资和技术升级。这种补贴目前许多城市都在实施，贴息范围不限于国企，民营企业也能获得这种补贴。土地优惠补贴是指地方政府在企业购买土地的时候，有意以无偿划拨或低于公平市场价格协议转让土地，减免征地、拆迁费用。一些地区出售的土地远低于评估价格，企业购得土地之后，可以以更高的评估价格向银行申请抵押贷款，这样就能够以极少的资金来启动较大规模的投资。土地优惠在一般情况下只提供给工业企业和房地产行业。除了以上主要的财政补贴外，政府对营利性组织财政补贴还包括许多其他形式，如出口补贴、中小企业担保补贴、中小企业出国展览补贴、商标注册补贴、专利补贴、培训项目补贴、品牌扶持补贴等。

（五）从会计核算角度分类

营利性组织财政补贴从会计核算角度可分为与收益相关的补贴和与资产相关的补贴。

根据《企业会计准则第 16 号——财政补贴》（以下简称“财政补贴准则”）的界定，财政补贴是指企业从政府无偿取得货币性资产或非货币性资产，但不包括政府作为企业所有者投入的资本。与资产相关的财政补贴。是指企业取得的、用于购建或以其他方式形成长期资产的财政补贴。其中与资产相关的财政补贴，是指与购建固定资产、无形资产等长期资产相关。与收益相关的财政补贴，是指除与资产有关的财政补贴之外的财政补贴。此类财政补贴不是以“购买、建造或以其他方式取得长期资产”作为政策条件或使用条件。财政补贴主要有财政拨款、财政贴息、税收返还、无偿划拨非货币性资产等形式。

第四节

营利性组织财政补贴绩效评价的必然性

一、政府失灵与营利性组织财政补贴绩效评价

前已述及，市场经济会导致“市场失灵”，需要政府对经济进行适当干预以优化资源配置。但政府矫正市场失灵的政策措施也不一定完全“灵验”，相反，其经济作用是有限的，这就出现了政府失灵。政府失灵是指政府对市场失灵的矫正不能完全达到资源配置的帕累托最优结果，不能确保公平。政府失灵不是指政府决策完全错误或完全失去作用，而是指政府决策不会尽善尽美，可能是决策低效，也可能是失效（政府在既定约束条件下的选择并非一定能达到资源配置的帕累托最优结果）。

“政府失灵”的概念是由美国经济学家布坎南提出的。他认为政府作为

公共利益的代理人，其作用是弥补市场经济的不足，并使各经纪人员所做决定的社会效应比政府进行干预以前更高。否则，政府的存在就无任何经济意义。但是政府决策往往不能符合这一目标，而且有些政策的作用恰恰相反。它们削弱了国家干预的社会“正效应”，也就是说，政策效果削弱而不是改善了社会福利。

政府决策失效或低效的重要原因之一在于决策规则的缺陷。在我国，决策的规则一般是一致同意规则和多数同意规则。一致同意规则实质是一票否决制，该规则是最符合维护共同利益要求的规则。但一致同意规则很难实施，原因是政府决策参与人有不同的偏好。多数同意规则实质上是“少数服从多数”，是指一项规则须经半数以上人赞成，才能获得通过的一种投票规则。决策规则不仅可能导致政府决策效率低下，而且可能导致符合多数人利益或者有利于提高社会整体福利水平或者资源配置效率的政策不能出台。

政府决策失灵的另一个重要原因在于权力寻租。权力寻租是发生在政府和私人之间以及经济活动领域的旨在获取权力租金的腐败行为。例如，有的官员利用手中的权力为个人捞取好处，有的企业通过贿赂官员为本企业得到项目、特许权或其他稀缺的经济资源。寻租使政府的决策或运作受利益集团或个人的摆布，成为滋生腐败、导致社会不公和引发社会动乱之根源。

正因为政府失灵的存在可能导致资源配置达不到预期目标，因此对政府各项政策措施的实施效果必须进行全面动态的绩效评价。以营利性组织财政补贴来说，政府通过财政补贴，矫正市场中具有正外部性效应的行业领域资源配置不足，刺激公共产品的供给，维护社会相对公平正义。但政府财政补贴资金使用效果如何，是否克服了市场这只“看不见的手”带来的问题，尚需要全面检验，以动态调整补贴政策，包括对象、方式、范围、金额、条件等，以使政府决策越来越接近帕累托最优。

二、博弈论与营利性组织财政补贴绩效评价

（一）地方政府的利益保护政策

我国改革开放以来，以财政包干制和财政分税制为主要特征的渐进式

财政分权改革，提高了地方政府增加财政的积极性，强化了地方保护主义思想，使地方政府有动力去保护作为税基的当地企业和作为政治基础、私人收益以及财政收入来源的国有企业，并导致了地方政府间的竞争。对当地上市公司的财政扶持是地方政府竞争的常用手段。地方政府竞争是指在一国内部不同的行政区域之间围绕获得更多的价值收益、增强本辖区经济实力和社会福利，在吸引、拥有、控制和转化资源，占领市场等方面开展的跨区域竞争。由此形成了地方政府竞争理论（也被称为管辖权竞争理论）。有关地方政府竞争的论述是从 Tiebout（1956）“用脚投票”的理论开始的。他认为，自由流动的居民将迁移到那些财政收入和财政支出结构令自己满意的地区，而为了避免本区域内有税收创造能力的居民流失，地方政府将提高财政的运行效率并提高公共品供应的满意程度。钱颖一和温加斯把财政分权后所形成的中国政府体制格局称为“维护市场的经济联邦制”。他们认为，我国的财政分权改革引入了地方政府之间的竞争，使地方政府成为具有独立利益和目标取向的经济主体，其努力营造良好的环境以吸引要素流入。在此种权力配置格局下，地方政府有动机对那些能增强当地经济竞争力、容纳当地劳动力就业、增加当地财政收入的企业实施补助。但是，营利性组织财政补贴的无偿性决定了营利性组织对财政补贴的要求高，并根据地方政府的补贴政策调整自己的经济决策，形成了营利性组织和地方政府间的博弈关系。

（二）地方政府竞争策略选择

财政分权改革使地方政府和中央政府形成固定的长期契约，地方政府成为既定财政体制所规定的税金的剩余索取者，这种关系不仅在中央政府与地方政府之间存在，而且在不同层级的地方政府之间也存在。省级政府和市级政府之间、市级政府和县级政府之间都存在由财政分权改革而形成的长期合约。分税制改革使各级地方政府成为辖区内企业税金的剩余索取者，它调动了地方政府发展本地经济的积极性，也使地方政府成为独立的经济利益主体。为追求所辖地区效用的最大化，地方政府争夺经济资源的行为也不断强化。然后一个区域的资源总是一定的，要增加本地的产值，就要获得更多的资源，主要有两种形式，并由此产生了两种政府间的竞争形式：一是从外地引进资源，引发了政府间的横向竞争。横向竞争是指没有行政隶属关系的各地方政府之间的竞争。但若每个地区都这样做，就都难以从别的地区得到足够的资源，结果只能努力保住本地资源，做到“肥水不流外人田”。这是导致我国地方政府间竞争和地方本位主义的重要原因之一。二是向上级政府要资源，引发了不同级次政府间的纵向竞争。纵向竞争是指具有行政隶属关系的上下级政府之间的资源竞争。对下级政府而言，上级政府掌握的资源无疑是“大锅饭”，谁要到归谁，谁先要到谁先受益，并且几乎没有成本。纵向竞争在很大程度上往往会因行政力量的干预而受到压抑甚至产生扭曲，表现出非公平性和非规范性特点，致使纵向政府间竞争相当微弱。因而对于政府间的竞争，主要是指不同地域间的竞争，不会涉及不同层级政府之间的纵向竞争，因此本章主要就地方政府间的横向竞争进行博弈分析。

对本地企业来说，地方政府是行政机构；而对于其他地区，地方政府起着“经济人”的作用。由于地方政府利益的最直接体现莫过于地方财政利益，各种形式的政府间竞争在很大程度上直接或间接地服务于本地区的财政利益，因此，地方政府间的财政竞争构成了地方政府竞争的核心。我国 1994 年实施的分税制财政体制改革使地方政府丧失了很大的自主权。为促进本地区企业的发展，提升吸引外部资金的竞争力，地方政府开始更多地运用制度外财政竞争，即突破现行财政税收制度安排，采取非法的或者变通的方法进行财政竞争，主要形式包括地方市场割据、对本地经济资源和所属企业的保护以及招商引资竞争。具体有三种策略：①税收竞争。主要是各种形式的税收优惠，是税式支出的主要形式，包括中央制定的各项差异性税收优惠政策和各地方政府自行组织实施的税收优惠政策。虽然国家一再强调税收减免权在中央，但各地方政府为了吸引资本流入，既可以通过授权范围内的税收优惠和财政补贴降低实际税率，也可以自行制定各种税收优惠政策，如地方所得税、增值税地方分成部分返还等。尽管中央政府对各地区自行制定的税收优惠政策进行了大范围清理，但在地区利益的驱动下，这种清理活动不可能完全消除隐蔽的优惠政策。②财政补贴。与税收竞争类似，地方政府把在分税制财政体制中分得的财政收入，以财政一般性补贴或财政专项补贴的形式返回给投资者。在中央三令五申清理非法税收优惠的趋势下，财政补贴正在逐渐替代税收竞争。③地方通过综合配套措施，增加特定方向的公共支出和减少应该收取的费用。如各地为吸引投资项目，以较低的价格提供土地给特定项目或投资者，或放松环境标准吸引资本等。

（三）营利性组织和地方政府间的博弈关系

为了较清晰地说明围绕财政补贴地方政府与营利性组织间的博弈关系，本文构建一个博弈模型进行理论分析。从博弈论的角度分析，我国地方政府间的竞争在本质上属于既定约束条件下、地方政府间的非正式制度博弈。现实中存在的财政补贴项目过多、优惠范围过大等问题，是各地方政府在实现自身利益最大化博弈均衡下个体理性选择的结果。在地方政府间的竞争中，一个地区因政策优惠而吸引外部资本流入本地或补贴本地企业在市场竞争中取得优势地位，就可以在地区经济增长、就业、居民收入、可支配财政收入、政府租金及官员绩效等多个方面获得更大收益，并在下一步竞争中占据优势。因此，不论其他地区的政府采取何种策略，参与竞争的地方政府都会有强烈的动因为本地企业提供财政补贴，以免在博弈中处于下风，并由此形成典型的“囚徒困境”。营利性组织与地方政府在财政补贴上的博弈关系可以用图 2-1 表示。

		地方政府乙	
		不补贴	财政补贴
地方政府甲	不补贴	a，a	0，b
	财政补贴	b，0	c，0

图 2-1　地方政府财政补贴博弈模型

在我国城乡基础设施建设、法律保障和政府运行效率等软硬投资环境尚未完善的情况下，税收优惠和财政补贴是对企业经济利益的一种补偿。在其他投资环境基本相同的条件下，投资者往往更愿意选择到提供优惠较多的地方，这从我国各地招商引资的实践和效果上可以体现出来。一般来说，在博弈描述的竞争关系中，局中人都希望达到自己的预期目的，并相应采取各自认为最适当的策略。“囚徒困境”博弈属于完全信息静态博弈范畴，是非合作博弈中最基本的类型。完全信息是指博弈的参与人（地方政府）对博弈过程中各方面的信息完全清楚，彼此之间不存在信息不对称的情况。具体来说，这一假设有以下含义：其一，在一国范围内，信息的传递、交流和人员的流动十分迅速，地方政府对彼此的资源禀赋和博弈策略信息也十分清楚。其二，在地方政府之间的博弈过程中，对方对自己的每一种策略的可能状态以及每一种可能策略状态下，双方的支付水平信息也是对称的；彼此之间都知道对方和自己一样享有充分信息。

在具体分析之前，先给定一些基本假设：①为了简化，只考虑地方政府，并假设在一国范围内只有甲、乙两个地方政府，且两地的其他投资环境完全相同。②由于地方政府以财政补贴表现的财政竞争行为隐蔽多样，中央政府处于相对信息劣势，导致监督成本很高，假设中央政府缺乏进行查处的意愿。③假设地方政府是“理性经济人”，以最大化自身利益为目标，地方政府的利益包括经济利益（GDP 或财政收入的增加）和政治利益(政治晋升机会)。④考虑到财政竞争的压力，具有相似经济状况的不同地方政府的制度内财政竞争手段必将趋同，对企业缺乏吸引力，因此，笔者只考虑地方政府利用制度外财政竞争手段补贴本地企业的行为。进一步，为了简化，只考虑地方政府利用财政补贴或税收优惠两种财政竞争方式，不考虑其他情况。⑤为了突出所分析的问题，假设政府官员不存在财政腐败行为，企业也不存在逃税和寻租等违法行为。

地方政府在财政利益和政治晋升的双重激励下，存在利用财政补贴或税收优惠等手段对企业进行财政补贴的动机。在模型中，参与人分别是地方政府甲和地方政府乙，图 2-1 展示了博弈的战略式表述。这里，每个地方政府均有两种战略：给予企业财政补贴或不补贴。表中每一格的两个数字代表对应战略组合下两个地方政府的支付（效用），其中第一个数字是地方政府甲的支付，第二个数字是地方政府乙的支付。

假设有 n 个人参与博弈，给定其他人的战略条件下，每个人选择自己的最优战略（个人最优战略可能依赖于也可能不依赖于其他人的战略），所有参与人选择的战略一起构成战略组合。纳什均衡指的就是这样一种战略组合，这种战略组合由所有参与人的最优战略组成，即给定别人的战略情况下，任何单个参与人有积极性选择其他战略，从而没有人有积极性打破这种均衡。

在这个博弈中，两个地方政府最终是否向企业提供财政补贴不仅取决于自身的策略，还取决于对方的策略。这样，地方政府甲和地方政府乙都有两种可供选择的策略：提供财政补贴或不补贴，并面临四种可能的结果（a，a）、（0，b）、（b，0）、（c，c）。（a，a）表示不存在地方政府竞争时，甲政府和乙政府都不对本地企业提供财政补贴，两地政府都可以取得 a 个单位的收益（效用）。（0，b）和（b，0）表示当乙（甲）出于吸引外地资本、增强本地企业竞争力的考虑，对企业提供财政补贴或税收优惠时，地方政府乙（甲）的支付。由于乙（甲）单方面对企业提供财政补贴，为追求更多的经济利益，乙（甲）地的企业会采取“用脚投票”方式，在有优惠政策的地区投资或完全迁移过去，在尽可能长的时间内，不提供财政补贴的地区，其收益会因企业的消失而逐渐减少为 0。从政府的角度来看，财政补贴或税收优惠（税式支出）均构成财政支出，是财政收入的抵减项目，因而存在b<2a这样的关系式。（c，c）表示甲和乙两地政府均对企业提供财政补贴时，市场机制的功能没有得到发挥，各区域的企业分别在原有水平上发展，但对政府而言，却因支付了财政补贴或提供了税收优惠而使财政剩余减少，所以存在 0 <c<a 这样的关系式。

显然，不论对方政府选择什么战略，政府甲或政府乙各自的最优战略都是“提供财政补贴”。例如，如果乙选择提供财政补贴，政府甲选择财政补贴时其的支付为 c，政府甲选择不补贴时其支付为 0，因此，对政府甲而言，提供财政补贴比不补贴要好，这时政府甲乙双方的收益均为 c。反之，如果政府乙选择不补贴，而政府甲选择财政补贴时政府乙的支付为 0，政府甲选择不补贴时政府乙的支付为 a，因而政府乙也会选择财政补贴。即“提供财政补贴”是地方政府甲和政府乙的占优战略。在一个博弈关系里，如果所有参与人都有占优战略存在，那么，占优战略均衡是可以预测到的唯一均衡，因为没有一个理性的参与人会选择劣战略。

“囚徒困境”式的政府财政补贴反映了个体理性与团体理性的冲突。如果地方政府甲和政府乙都选择不支持，双方的支付为 2a，由于财政补贴属于政府对企业的利益让渡，存在 b<2a 这样的关系式。显然，从政府所得的角度观察，不补贴比财政补贴要好。

博弈的均衡结果说明，地方政府在竞争中牺牲部分利益吸引资源进入，这是地方政府理性选择的结果，但并非利益最大化的结果。地方政府作为“理性经济人”，会关注补贴资金的使用效果，并进行博弈支付的调整依据，所以，对营利性组织财政补贴，虽然从本质上来讲类似于“免费的午餐”，但地方政府对补贴资金的使用是否有利于本地区经济发展、财政收入增长、带动就业等影响进行考察，所以，也存在对营利性组织财政补贴绩效评价的内在要求。

第五节

营利性组织财政补贴全流程监管的必要性分析

一、委托代理理论

根据委托代理理论，政府实际上是一个国家或社会的代理机构，承担着一种公共受托责任，纳税的社会成员从总体上可以被视为是一个委托人，行使委托权利，社会成员通过税费委托政府提供公共产品，使社会成员和政府形成了委托代理关系。政府作为纳税人的代理人，代表纳税人筹集财政资金，分配和使用财政资金，有责任和义务对财政收支活动进行绩效评价，以判断其财政收支过程是否合理、是否最大限度地满足了社会成员的公共需要。同时，政府的存在是通过政府职能的执行得以体现的，而政府职能的具体执行又是由政府的各个部门组织承担的。在政府和各个职能部门之间，政府将各项不同的职责和权利交给各个部门，可以被看作是委托人，而各个部门接受相应的权利来履行职责，则可以被看作是代理人，政府和各个职能部门又构成了“委托—代理”关系。这样，一个多重的公共产权“委托—代理”关系就形成了。

在财政补贴的多重“委托—代理”关系中，政府是社会公众的代理人，负有公共受托责任。由于财政收入90%来自于税收，纳税人依法缴了税金，他们应该知道这些资金被用于何处，是否取得良好的经济效益和社会效益，而不是被挪用和滥用。换言之，纳税人应该有知情权。因此，必须对财政资金使用绩效进行考评并进行公示，以满足委托人对受托人进行必要检查、监督的要求。从另一个方面来讲，和市场失灵一样，政府也会失灵。众所周知，由于公共产品具有外部性，容易滋生搭便车（free-rider）行为和公地悲剧，从而造成这些公共产品供给不足，由政府提供固然可以克服供给不足的问题，但不一定最有效率，效率的损失源自政府失灵。根据布坎南提出的公共选择理论，政府的行为总是需要通过政府官员来实现，政府官员不是生活在真空里面，他是一个理性的经济人，难免存在利己之心，加之寻租行为的存在，政府官员的行为也会不时地偏离公共利益目标，比如，挪用、挤占、转移、私分财政资金，形成财政资金运用的效率损失，也就是Jensen和Meckling（1976）所说的代理成本。评价财政资金的运用绩效可以起到“监督财政”的目的。

二、寻租理论

寻租就是寻求直接的非生产性利润，是耗费稀缺资源而攫取的一种人为创造的财产转移。寻租主要是通过政府政策来影响收入和财富分配，实现个人或集团的利益。寻租的对象主要是政府官员和国有资产，寻租的特点是利用合法或非法手段得到占有“租金”的特权，寻租活动往往伴随着权钱交易等腐败现象，寻租的恶果是扭曲政策本意。现代社会是一个分权治理的社会，有分权就必然会有权力的使用和分配，只要存在权力的分配就会存在寻租的可能性。地方政府补贴发放的自主性相当强，几乎不受什么法律的限制，也就是说补贴的制度安排存在着空隙，这个空隙就为寻租提供了可能。一方面，官员可以设租，另一方面，企业为了获得补贴可以寻租。

寻租活动中的“租金”是一种由政府带来的非生产性收益。对营利性组织来说，公共财政补贴也是由政府带来的非生产性收益。当营利性组织作为寻租者，与对财政补贴的审批权所有者——设租者结合起来的时候，财政补贴就难以避免因寻租而被部分利益集团垄断。寻租活动导致对众多营利性组织来说非常宝贵的公共财政补贴资源被利益集团垄断而低效率使用、被用于寻租活动而浪费、被用于行贿而转移，也造成公共财政的社会成本增加、福利减少。这样，公共财政补贴政策矫正营利性组织外部正效应的初设目标难以实现。而随着公共财政对营利性组织补贴的规模不断扩大，这种弊端将不断暴露、不断深化，公共财政营利性组织补贴不仅难以克服市场失灵，反而不可避免地陷入“政府失灵”的尴尬境地。

减少或克服寻租最有效的方法是对财政资金使用的政策效应进行评价，对绩效低的补贴资源配置者和使用者进行严厉处罚，以保证财政补贴的发放和使用，最大程度保障财政补贴目的的实现。

三、信息不对称理论

信息不对称是指有关某些事件的知识或概率分布在相互对应的经济人之间不作对称分布，即市场活动的参与者对市场特定交易信息的拥有不相等，有些参与者比另一些参与者更加具有信息优势。在信息不对称的条件下，占有信息优势的代理人为了自身利益可能凭借自己的信息优势选择对委托人不利的行为，从而引起逆向选择和道德风险。如企业的投资者并不了解和掌握公司真实的财务状况就是逆向选择，企业管理者不会尽力去经营管理所有者的财产就会产生道德风险。

在政府对营利性组织财政补贴的博弈中，获取补贴的企业是信息优势方，作为理性经济人，他们很可能利用自己的信息优势最大化自身的经济利益而不是体现政府补贴的意图，从而使政府补贴的目的难以达到，并最终导致政府补贴政策失灵。在此状况下，政府的补贴不但没有起到激活地方经济的作用，反而会因为补贴使地方财政出现更大的漏洞。因为企业内部管理者相对于政府而言，具有一定的信息优势。政府所获得的信息是不完全的，不能掌握企业真实的财务状况，信息的不对称性使企业可能利用信息不对称欺骗政府的财政补贴。

信息不对称理论对本书的研究具有指导作用。首先，为政府财政补贴资源配置的经济后果检验提供了理论依据，政府相对于企业内部管理者处于信息劣势，政府财政补贴是否真正合理地配置需要进行绩效评价；其次，为政府加强对营利性组织财政补贴监管提供依据。政府财政补贴的资源配置可能会产生两种不同的效果。减少或避免信息不对称而引发的道德问题最重要的途径之一就是增加了信息的透明度，其中最重要的一类信息就是补贴资金使用效果的信息。

第三章 03

营利性组织财政补贴
绩效评价指标体系设计

第一节

营利性组织财政补贴绩效评价指标设计的理论基础

一、公共管理理论

公共管理理论认为，政府公共权力源于社会分工和规模经济引致的“公民个人权力的让渡”，其主要意图是要委托政府解决个人办不了、不愿办、办不好或个人来办规模不经济的事务，亦即社会公共事务。所以，地方政府负有一个地区的管理职责，其首要关注的就是该地区居民的整体利益（福利）。在选举制国家，地方政府的官员是本地居民选举出来的，地方政府官员必然要迎合选民的利益，中央集权国家的地方政府官员即使不是选举出来的，也不会公开宣称首要维护的是其他利益。地方政府使用的财政补贴资金是属于本地居民的公共财富，它的使用必然满足本地大多数人的利益。

20 世纪 70 年代末，西方发达资本主义国家实行对政府的改革，主张建立“企业型政府”“市场化政府”，在社会上引起了巨大反响，与传统的公共管理不同的新型的公共管理模式逐渐出现。Michael Barzelay（2006）认为，一个摈弃官僚制的时代正在到来，这种逐渐形成的新公共管理不仅看重效率，更看重所提供服务的质量和顾客的满意程度。Christopher Hood（2002）将西方国家政府的这种变革所展现出来的新型的政府管理模式叫作新公共管理模式。新公共管理的实践催生出新的理论模式，并随着改革和认识的逐渐加深形成了新公共管理理论。

与传统的行政管理理论相比，新公共管理思想以现代经济学和企业的管理理论与方法作为自己的理论基础。首先，新公共管理从现代经济学中获得诸多理论依据，如从“理性人”（人的理性都是为自己的利益，都希望以最小的付出获得最大的利益）的假定中获得绩效评价的依据；从公共选择和交易成本理论中获得政府应以市场或顾客为导向，提高服务效率、服务质量和服务效果的依据；从成本—效益分析中获得对政府绩效目标进行界定、测量和评估的依据；等等。其次，新公共管理又从企业管理方法中汲取营养。新公共行政管理认为，企业许多管理方式和手段都可为公共部门所借用。如企业的组织形式能灵活地适应环境，而不是韦伯所说的僵化的科层制；对产出和结果的高度重视（对企业来说，产出就意味着利润，而在高度竞争的市场环境中，要获取利润就必须给顾客提供高质量的服务，同时尽可能地降低成本），而不是只管投入、不重产出等。总之，新公共管理认为，那些已经和正在为企业成功运用着的管理方法，如绩效管理、目标管理、组织发展、人力资源开发等并非为企业所独有，它们完全可以运用到公共管理中。综上分析，可以看出，站在新公共管理的角度来看，可以把政府看作是身肩重任的“企业家”，把社会公众看作是政府的“顾客”，政府虽被看作“企业家”，但其并非以追求利润最大化作为最终目标，而是要实现社会资源从效率低的地方向效率高的地方转移，同时也让作为“顾客”的社会公众真正参与进来，相互站在对方的立场上思考问题，进而向社会公众提供多元化又高质量的公共服务，满足社会公众的不同喜好和需求。

新公共管理理论的精髓就是将市场竞争机制引入到政府的管理活动中去，对政府的一些活动进行市场化改革，在一定程度上，市场化改革意味着政府权力的下放，这其实是在为政府减轻负担。政府责任重大，既要保证经济的稳定与增长，又要向社会提供各种诸如教育、医疗、社会公平等福利保障，社会要求政府有效地使用其所掌握的巨大社会资源，即要求其“所费更少、效果更好”，那么让市场参与进来，使公共产品和公共服务的提供不再只是政府的事，让更多的公司、企业也参与进来，这样就能在一定程度上降低成本，实现公共资源有效率使用。

公共管理理论强调政府组织和官员是全民利益的代理人，应该以全民利益最大化作为资源配置原则，因此对其所配置的财政资金的效应考核和评价也应该以全民利益为目标。国外财政学者薛莱士提出了财政支出第一原则：利益原则。他认为地方政府对本地营利性组织提供补贴应考虑本地居民的整体利益，追求地方居民整体福利最大化。只要补贴资金的支出能够有利于地区整个社会福利的增进，创造出更多的社会福利，给予补贴就是有效率的，就是理性的。

公共管理理论及其随后发展的新公共管理理论对本书研究的贡献主要有两个方面：首先，为政府财政补贴的绩效评价提供了有用的方法。政府发放财政补贴的目的是产生更多的公共利益，希望接受补贴的企业比其更高效地使用公共资金，也就是说，如果政府将财政补贴配置给企业，能够产生更多的就业机会、更多的社会公益捐赠、更多的财政收入以及创造更好的经济效益，就可以认为政府财政补贴的使用是有效率的。其次，公共管理理论为政府加强对营利性组织财政补贴过程监管提供依据。它要求政府不仅重视结果考核，也应同样重视财政补贴资源配置与使用的过程监管，合理分配补贴资源，提高财政补贴使用的质量和效率，以使其能带来长期持续的经济效益和社会公共福利水平的提高。

二、平衡计分卡理论

平衡计分卡这一概念是卡普兰和诺顿于 1992 年 2 月在其著作《平衡计分卡：驱动业绩的评价体系》中首次较系统地提出的，而后随着平衡计分卡理论的不断充实和完善，平衡计分卡逐渐在世界范围内被运用于实践中，平衡计分卡作为一种新的战略绩效管理工具，被认为是当今世界公认的最有力的管理工具之一。

图 3-1 表述的是平衡计分卡的基本理论和思路。它突破了传统的财务业绩评价的狭小范围，试图以服务于企业长远战略发展为目的，而从企业内部与外部、财务与非财务、客观与主观、短期和长期、现象与驱动机理等相互对立的多重角度和一连串的互动因果关系对企业经营管理绩效进行综合平衡评价。卡普兰和诺顿（2002）用四个视角来概括平衡计分卡对于传统绩效评价的突破：①财务视角：从股东角度来看，包括企业增长、利润率以及风险战略等体系；②顾客视角：从顾客角度来看，包括企业创造价值和差异化的战略；③内部运作流程视角：使各种业务流程满足顾客和

股东需求的优先战略；④学习和成长：优先创造一种支持公司变化、革新和成长的气候。此外，平衡计分卡绩效评价指标还可以根据衡量的来源和深度划分为四方面指标：一是外部评价指标，包括股东、客户以及社会等利益相关者对企业的评价；二是内部评价指标，包括企业内部组织结构、资源状况、组织文化和发展潜力等方面的因素；三是业绩评价指标，主要包括传统的财务指标和市场地位，如营业收入、利润、资产负债等财务情况和市场占有率、客户满意度等经营指标；四是发展驱动因素评价指标，主要是指内部资源对企业战略发展的支持，如人力资源的成长、固定资产的更新和现金资源的保障等。其中，这些指标按照评价角度不同，可以进一步划分为客观评价指标（如企业资源状况、经营利润、市场占有率等）和主观评价指标（如客户满意程度、员工忠诚度等）；按照指标在企业发展

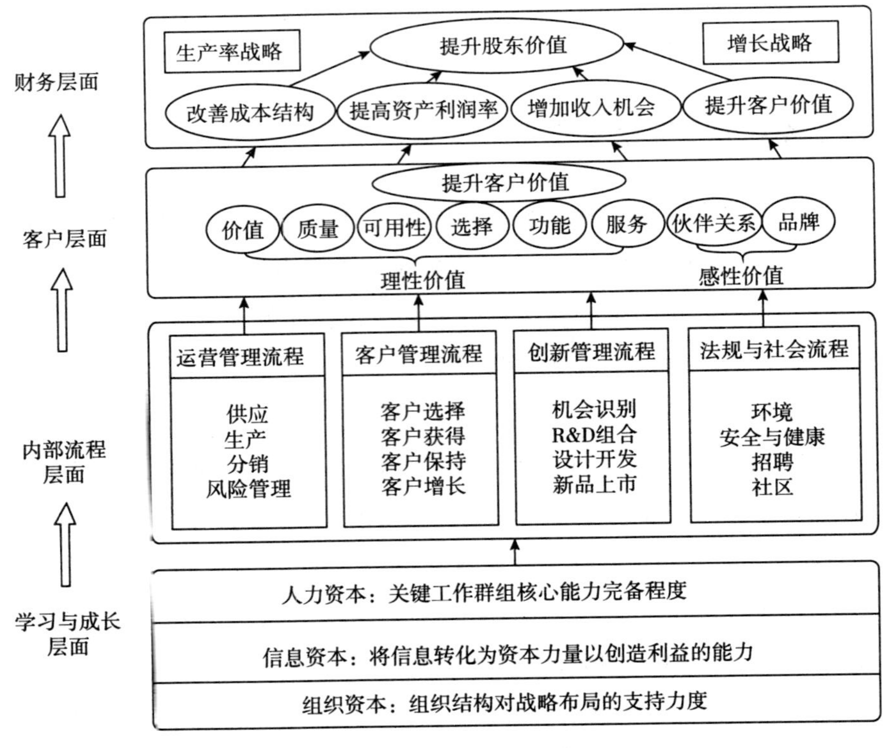

图 3-1　平衡计分卡逻辑图

中的作用时间，可以进一步划分为短期评价指标（如利润、流动资产等）和长期评价指标（如固定资产、人力资源、创新能力等）。

平衡计分卡自产生以来更多地应用于企业，也是在企业的管理实践中不断发展和完善的。平衡计分卡能够在追求组织的长期目标和短期目标、结果目标和过程目标、先行指标和滞后指标、组织绩效和个人绩效、外部关注和内部诉求等重要的管理变量之间的平衡。现代企业要谋求更好的发展，不能仅仅追求利润，而是要成为一个面向客户、员工、社区乃至整个社会提供价值的主体，同时必须关注那些对企业长期经营业绩产生影响的因素如客户满意度、社会认可度等，对相关的过程因素进行梳理。平衡计分卡在企业绩效管理中获得巨大成功，也引起人们的关注，很多政府机构和政府部门开始尝试将平衡计分卡引入其绩效管理中。绩效管理对于公共部门管理的重要价值主要体现在绩效管理是政府部门长远发展规划与实施的重要途径，在提高公共服务的效率和质量、科学评价和引导组织与员工行为以实现组织使命和目标方面具有至关重要的地位。相对于其他的政府部门绩效管理工具，平衡计分卡与政府部门绩效管理的价值取向是一致的，能够更好地发挥绩效管理的作用，其主要优势在于能在各个管理变量之间取得平衡。

衡量政府绩效管理水平的一个重要方面就是政府使用公共资源的效率，而公共资源的分配常常以财政补贴的发放表现出来，所以平衡计分卡成为衡量财政补贴绩效的一个重要而有效的工具。平衡计分卡理论对于本书的贡献：首先，为全面衡量政府财政补贴绩效提供了理论分析的基础和更宽广的视角，使本书对财政补贴绩效的衡量和评价有理可依、有理可循。其次，平衡计分卡为本书评价政府财政补贴绩效提供了一种较为有效的工具，利用平衡计分卡四个维度间的逻辑因果关系，将财政补贴的结果衡量和引起结果的过程衡量结合起来，建立衡量补贴绩效的指标体系，全面、客观地评价补贴使用的效率、效果和质量，除了运用直接的经济效果衡量指标外，更注重社会效果，诸如就业、环境支出、税收等方面衡量指标的使用。

第二节
营利性组织财政补贴绩效评价指标设计

一、平衡计分卡与营利性组织财政补贴绩效评估指标

营利性组织财政补贴绩效评估是一个复杂的问题，首先源于政府补贴目的的多重性，其次也在于营利性组织使用财政补贴后的绩效表现存在多样性，存在诸多不能完全控制的因素。因此，对营利性组织财政补贴绩效评估不能简单采用一个或几个指标，也不能仅仅着眼于经济效益指标或社会效益指标，而是要综合考虑对企业利益相关者多方面的效益表现，平衡计分卡的原理和理念符合对营利性组织财政补贴绩效评估的需要，因此，可以借鉴平衡计分卡的方法设计全方位的评价指标，以利于对财政补贴绩效做出客观评估。

根据平衡计分卡原理，营利性组织财政补贴绩效评估指标体系可以用图 3-2 表述。

二、基于平衡计分卡的营利性组织财政补贴绩效评估指标

将图 3-2 的指标体系进一步具体化，就形成了营利性组织财政补贴绩效评估指标体系表，它包括四个维度、14 个类别、50 个具体指标，详细见表 3-1。

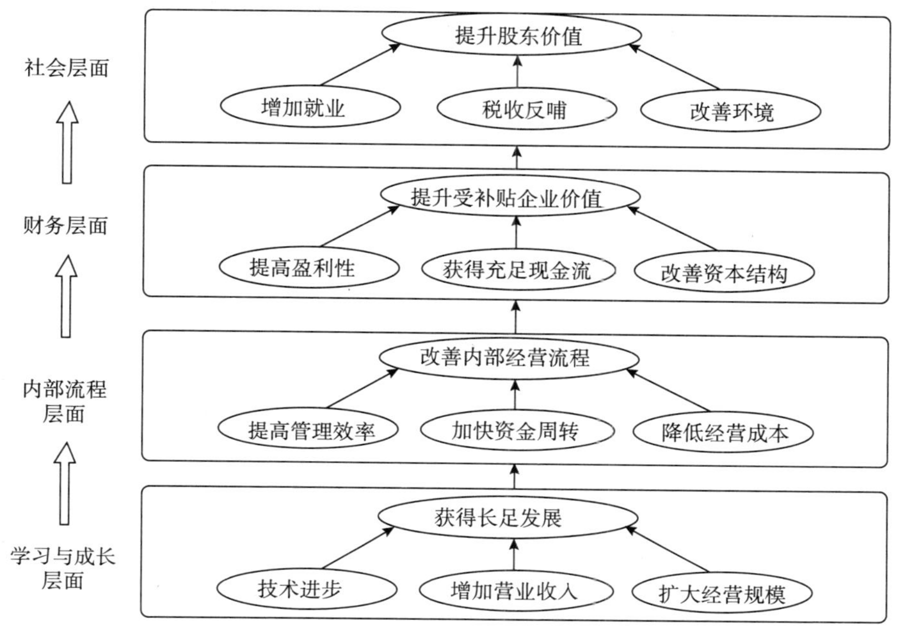

图 3-2　营利性组织财政补贴绩效评估指标逻辑框架

表 3-1　营利性组织财政补贴绩效评估指标体系

指标维度	类指标	具体指标	指标说明	指标计算
社会维度	职工发展	员工人数增长	对劳动雇佣的贡献	本期员工数-上期员工数
		员工人数的变化	对劳动雇佣的持续性	(本期员工数-上期员工数)÷上期员工数
		人均职工薪酬	薪酬待遇	职工薪酬总额/本期职工总人数
		人均职工薪酬增长率	平均薪酬待遇	(本期人均薪酬-上期人均薪酬)÷上期人均薪酬
		员工薪酬增长	对员工的福利待遇	本期职工薪酬-上期职工薪酬
		员工薪酬增长率	对员工福利待遇的持续改善	本年度薪酬增长额÷上年薪酬总额
		薪酬支付率	表明员工实际领到薪酬的及时程度	年度实发薪酬÷年度应发薪酬

续表

指标维度	类指标	具体指标	指标说明	指标计算
社会维度	社会贡献	产品销售率	生产高质量商品或服务，承担社会责任	工业销售产值÷工业总产值（现价）
		纳税增长额	对国家财政贡献	本期纳税总额-上期纳税总额
		税率	对国家财政贡献率	纳税总额÷营业收入
		税收贡献增长率	对国家税收的贡献	(本期税收收入-上期税收收入)÷上期税收收入
		社区捐赠增长额	体现对社会的爱心	本期捐赠额-上期捐赠额
		社会捐赠额占 EVA 的比重	体现社会责任程度	社会捐赠额÷EVA
	环境保护与生态维护	环保支出增加额	加强环保预防措施的力度	本期环保支出额-上期环保支出额
		环保支出比率	加强环保预防措施的强度	环保支出÷营业收入
		环保支出增长率	加强环保的持续性	(本期环保支出-上期环保支出)÷上期环保支出
		单位产出 GHC（温室效应）排放量	减少排放，鼓励低碳经济	GHG 排放量÷EVA
		废弃物处理率	洁净环境，保护环境	废弃物处理量÷废弃物排放总量
		再生能源使用率	洁净环境，保护环境	再生能源使用总量÷能源使用总量
		再生原料使用率	使用再生原料，可持续发展	再生原料使用总量÷原材料使用总量
		水循环利用率	保护水资源，造福后代	水循环利用总量÷水消耗总量
财务维度	盈利能力	总资产报酬率	全部资产盈利能力	息税前利润÷平均资产总额
		主营业务利润率	表明主营业务创造率的能力	(主营业务收入-主营业务成本-主营业务税金及附加)÷主营业务收入
		净资产 EVA 率	表明净资产获取 EVA 的能力	EVA÷平均净资产

续表

指标维度	类指标	具体指标	指标说明	指标计算
财务维度	偿债能力	资产负债表	表明举债的安全程度	负债总额÷资产总额
		流动比率	表明偿还短期借款的能力	流动负债÷流动资产
		利息保障倍数	表明债务支付能力	息税前利润÷全部的利息费用
	现金创造能力	经营活动产生的现金净流量	经营活动创造现金的能力	经营活动的现金流入-经营活动的现金流出
		经营活动产生的现金净流量增加额	经营活动创造现金能力的提升	本期经营活动现金流量-上期经营活动现金流量
		经营 EVA 指数	表明 EVA 的现金保障度	经营现金净流量÷EVA
		经营净利润指数	表明净利润的现金保障度	经营现金净流量÷净利润
		净资产现金回收率	表明净资产的现金保障度	经营现金净流量÷平均净资产
	资本成本	债务融资成本	获取资金能力	利息支出÷平均借款余额
内部经营流程维度	资金使用效益	主营业务成本率	主营业务的效率	主营业务成本÷主营业务收入
		管理费用率	企业管理效率	管理费用÷营业收入
		成本费用利润率	表明经营管理创造效益的能力	利润总额÷成本费用额
		总资产周转率	表明资产管理能力	营业收入÷平均资产总额
		应收账款周转率	表明应收账款的变现能力	年赊销收入净额÷年应收账款平均余额
		存货周转率	表明存货变现能力	年销售成本÷年存货平均成本
		资产损失率	表明对风险控制和转移的程度	计提资产减值准备÷资产总额
	社会满意度	客户投诉率	表示客户的满意程度	客户投诉次数÷总的出货批次或服务次数
		诉讼费用比重	对风险损失的控制程度	诉讼费用÷营业收入

续表

指标维度	类指标	具体指标	指标说明	指标计算
学习与成长维度	研发投入	研发支出	研发支出规模	每年投入研发经费的总额
		研发投入强度	研发支出力度	研发支出÷营业收入
		研发支出增长率	研发支出的持续性	(本期研发支出-上期研发支出)÷上期研发支出
		研发投入弹性	研发投入与企业发展的同步性	研发投入增长率÷营业收入增长率
	技术能力	无形资产比率	企业技术含量	无形资产÷总资产
		无形资产增长率	技术发展能力	(本期无形资产-上期无形资产)÷上期无形资产
		非专利技术与专利数量（金额）	企业技术能力	非专利技术+专利数量（金额）
	学习培训	人力资源培训率	员工培训普及度	年度参加员工培训人次÷员工平均人数
		培训费用比率	员工培训力度	教育培训费用÷营业收入
	增长后劲	资产更新率	资产新旧程度	资本支出÷（折旧+摊销）
		成长性	企业经营发展	(本期营业收入-上期营业收入)÷上期营业收入

第四章 04

营利性组织财政补贴倾向性实证检验

第一节

提出研究假设

一般来说，公司的规模越大，也就越容易实现政治目的。在经营业绩良好的情况下，规模大的公司为社会提供的服务更多，有助于缓解就业压力，促进当地经济的发展，维护政府的政绩。在经营业绩不好的情况下，大型企业若无法继续经营，则必然伴随着大量裁员，导致社会潜在的不稳定，因此对于本辖区内规模较大的企业，政府特别是地方政府往往会提供更多的支持或者政策上的优惠等。即公司规模是政府对企业进行补助分配的重要影响因素，公司规模影响政府对其的关注程度。由此提出假设 4-1。

假设 4-1：公司规模与获取政府补贴正相关。

政府和企业是现代社会中最具有影响力的组织，这两者的关系对于整个社会经济政治发展都有重要影响。由于我国特殊的国情，上市公司大多是由国有企业改制而来，与政府特别是地方政府之间有着千丝万缕的联系。这些经过改制上市的公司，如果政府是实际控制人，政府必然将一部分行政职能和政府职责转嫁或强加于企业，使企业承担一部分本来应由政府承担的职责，如解决就业、医疗保健、职工养老、办学校等，从而导致国有控股上市公司整体负担较重，竞争力不强。出于对等，政府也会相应对国家控股的上市公司提供更多的补助。由此提出假设 4-2。

假设 4-2：产权性质与政府补贴正相关。

寻租理论揭示政府财政补贴是一种非生产性的营利活动，是通过借用公权力重新配置资源，对于寻租者来说，是一种低成本高回报的活动。中国传统的观念和权力缺乏监督的事实很难使人们相信政府财政资金的配置与人情因素无关。陈冬华（2002）的研究成果也证实上市公司高管中的政府背景对财政补贴配置有影响。由此提出假设 4-3。

假设 4-3：高管中有政府背景的人员较高管中无政府背景人员的上市公

司获得的财政补贴更多。

据统计，在我国企业的亏损补贴中，一半左右是补贴在经营亏损上。上市公司是地方经济中最重要的力量，是地方经济发展程度的标志，是地方形象的代表，地方政府相当重视上市公司的经营，所以对上市公司的补贴也是政府资源配置重要的考虑因素。由于证券市场配股和ST刚性制度的存在，一些地方政府为避免上市公司退市等，给予上市公司巨额的财政补贴，帮助其‘扭亏为盈”。陈晓、李静（2001）发现，在资本市场争夺资源的过程中，地方政府积极参与了上市公司的盈余管理，对上市公司进行了大面积的税收优惠和财政补贴。龚小凤（2006）证实，政府补贴对于保住本地上市公司的壳资源，防止被ST有作用。由此提出假设4-4。

假设4-4：亏损公司较盈利公司能得到更多的财政补贴。

第二节 变量设计、研究模型与数据来源

一、变量设计

本书的变量设计如表4-1所示。

表4-1 主要变量设计表

变量类型	变量标识	变量含义	计算或取值方法
因变量	lnsubs dy	政府财政补贴，包括财政拨款、税费减免、财政贴息和无偿划拨非货币性资产四部分	（财政拨款+税费减免+财政贴息+无偿划拨非货币性资产）的自然对数
因变量	subsidy-yn	是否获得政府财政补贴	当公司获得政府补贴时，该虚拟变量取1，否则为0。在经济后果检验中作为自变量

续表

变量类型	变量标识	变量含义	计算或取值方法
自变量	size	资产规模	总资产的自然对数
	fsize	规模大小	将所有公司按中位数分为两类，大于中位数为大规模公司，取值 1，否则取 0
	earn-yn	盈利或亏损	获得政府补贴前亏损取 0，否则取 1
	govern	政府背景	董事会成员有政府背景取 1，其余取 0
	property	产权性质	国有及国有控股公司取 1，其余取 0
控制变量	debt	资产负债率	负债总额/资产总额
	yeari	年度虚拟变量	当公司属于年度 i 时，该虚拟变量取 1，否则取 0
	industryj	行业虚拟变量	当公司属于行业 j 时，该虚拟变量取 1，否则取 0

二、模型设计

本书用以下模型来检验假设 4-1、假设 4-2、假设 4-3 和假设 4-4：

模型 4-1：

$$subsidy/subsidy-yn = a_0 + \alpha_1 size + a_2 debt + \sum_{i=1}^{3} a_{(2+i)} year_i + \sum_{j=1}^{10} a_{(5+j)} industry_j + \varepsilon$$

模型 4-2：

$$subsidy/subsidy-yn = a_0 + a_1 property + a_2 debt + \sum_{i=1}^{3} a_{(2+i)} year_i + \sum_{j=1}^{10} a_{(5+j)} industry_j + \varepsilon$$

模型 4-3：

$$subsidy/subsidy-yn = a_0 + a_1 govern + \sum_{i=1}^{3} a_{(1+i)} year_i + \sum_{j=1}^{10} a_{(4+j)} industry_j + \varepsilon$$

模型 4-4：

$$subsidy/subsidy-yn = a_0 + a_1 earn-yn + a_2 debt + \sum_{i=1}^{3} a_{(2+i)} year_i + \sum_{j=1}^{10} a_{(5+j)}$$

$industry_j + \varepsilon$

模型 4-5：

$$subsidy/subsidy-yn = a_0 + a_1 sizen + a_2 property + a_3 govern + a_4 earn-yn + a_5 debt + \sum_{i=1}^{3} a_{(5+i)} year_i + \sum_{j=1}^{10} a_{(8+j)} industry_j + \varepsilon$$

三、数据来源与样本选择

本书以沪深两市 2012~2015 年上市公司数据为样本，财政补贴数据通过逐年查阅公司年报手工获取，其余数据来源于 CSMAR 和 RESET 两个数据库，最后对数据做了以下处理：①剔除数据缺失的公司；②剔除金融保险业类和创业板类的公司；③对连续变量进行了 Winsorize 处理，小于 1%分位数与大于 99%分位数的变量，令其分别等于 1%分位数和 99%分位数。

本书最终样本数量为 1962 个，数据处理采用 Excel 和 stata 15。

第三节 样本的描述性统计

一、各变量的描述性统计

表 4-2 是 2012~2015 年财政补贴倾向性研究主要变量的描述性统计结果。这四年包含的样本量共 1962 个，上市公司是否获得政府补贴（subsidy-yn）的平均数为 0.926。说明政府发放补贴是大面积的，92.6%的上市公司都能或多或少得到政府补贴。获取财政补贴金额的平均数是 14.582，中位数是 15.750，标准差是 4.455，最大值是 20.876，说明补贴金额在不同上市公司间的差距比较大，少部分公司得到了大部分的补贴款项，倾向性比较明显。

表 4-2　2012~2015 年全部变量（除行业和年度）的描述性统计

变量	样本量	平均数	中位数	标准差	最小值	最大值
lnsubsidy	1962	14.582	15.750	4.455	0.000	20.876
subsidy-yn	1962	0.926	1.000	0.262	0.000	1.000
govern	1962	0.631	1.000	0.483	0.000	1.000
property	1962	0.602	1.000	0.490	0.000	1.000
earn-yn	1962	0.874	1.000	0.332	0.000	1.000
size	1962	21.936	21.852	1.172	18.291	26.851
debt	1962	57.164	55.289	33.402	3.176	714.395

二、不同类型上市公司财政补贴金额的描述性统计

表 4-3 是分不同自变量描述性统计，目的在于观察产权性质、盈亏状况、政府背景、资产规模等二分变量在获取补贴金额上是否有区别。从平均数可以看出，大规模公司得到的财政补贴要多于小规模公司，假设 4-1 初步成立。国有产权性质的上市公司（property = 1）的平均值比民营产权性质（property = 0）的平均值略小，但中位数、标准差和最大值都大，说明政府在对国有控股企业补贴时通常金额比较大，重点突出。而对民营企业补贴时，则类似于大面积安抚性质。这跟前面的假设 4-2 基本一致，产权性质可能与政府补贴金额呈正相关。盈亏状况和政府背景这两个二分变量取 1 时的平均数比它们取 0 时的平均数大，跟假设一致，但金额差异不是很大。假设 4-3 和假设 4-4 也初步得到验证。

表 4-3　2012~2015 年财政补贴在不同二分变量上的对比

变量		样本量	平均数	中位数	标准差	最小值	最大值
property	0	780	14.700	15.748	4.283	0	19.761
	1	1182	14.505	15.753	4.564	0	20.876
earn-yn	0	248	14.392	15.711	4.735	0	20.876
	1	1714	14.610	15.752	4.413	0	20.658

续表

变量		样本量	平均数	中位数	标准差	最小值	最大值
govern	0	723	14.360	15.629	4.616	0	20.323
	1	1239	14.712	15.788	4.354	0	20.876
fsize	0	981	13.512	15.191	4.992	0	20.113
	1	981	15.653	16.405	3.534	0	20.876

三、不同类型上市公司是否获得财政补贴的描述性统计

表 4-4 是分不同自变量描述性统计，观察产权性质、盈亏状况、政府背景、资产规模等二分变量在能否获得政府补贴上是否有区别。表 4-4 显示，大规模公司得到补贴的概率大于小规模公司，有政府背景的公司更容易获得财政补贴，这与假设 4-1 和假设 4-3 是一致的。民营企业从补贴面上来说要大于国有控股企业，补贴前亏损的公司较补贴前盈利的公司没有优势，这两者和假设 4-2 及假设 4-4 不完全一致。

表 4-4　2012~2015 年是否获得财政补贴在不同二分变量上的对比

变量		样本量	平均数	中位数	标准差
property	0	780	0.933	1	0.250
	1	1182	0.921	1	0.269
earn-yn	0	248	0.915	1	0.279
	1	1714	0.928	1	0.259
govern	0	723	0.917	1	0.276
	1	1239	0.931	1	0.253
size	0	981	0.890	1	0.313
	1	981	0.962	1	0.191

四、不同行业上市公司获取财政补贴金额的描述性统计

表 4-5 是分行业统计财政补贴金额，以观察行业之间是否存在获取财政补贴金额的差异。首先可以明显看出来，制造业占样本比例较大。在 11

个行业中，传播与文化产业平均补贴额最大，但其最大值最小，标准差也最小。该行业因样本公司只有3家，不具有典型意义。除此之外，制造业受补贴最多，平均数为15.327。补贴额平均数处于14~15的行业依次是信息技术业、综合类、建筑业、采掘业。补贴额在13~14的行业是水电煤气行业、批发与零售贸易行业。补贴额处于12~13的是农林牧渔业，补贴最少的行业是交通运输与仓储业。受补贴最多的行业与最少的行业在平均数上相差5.981。财政补贴的行业倾向性特征比较明显。

表4-5 2012~2015年财政补贴的分行业统计

行业	样本量	平均数	中位数	标准差	最小值	最大值
农、林、牧、渔业	33	12.860	14.962	5.107	0.000	18.006
采掘业	72	14.077	15.488	4.877	0.000	18.462
制造业	1210	15.327	15.941	3.381	0.000	20.876
电力、煤气及水的生产和供应业	126	13.943	15.631	5.408	0.000	19.760
建筑业	28	14.134	15.581	4.460	0.000	17.590
交通运输、仓储业	99	11.124	14.990	7.045	0.000	19.359
信息技术业	88	14.904	16.030	4.694	0.000	19.156
批发和零售贸易	158	13.245	15.030	5.178	0.000	18.590
社会服务业	63	11.646	14.323	6.848	0.000	19.675
传播与文化产业	3	17.105	17.685	1.227	15.695	17.935
综合类	82	14.446	15.574	4.441	0.000	19.245
合计	1962	14.582	15.750	4.455	0.000	20.876

五、不同行业上市公司在是否获取财政补贴变量上的描述性统计

表4-6是按行业统计是否获得财政补贴，看行业之间是否有区别。除了传播与文化产业的所有公司均获得财政补贴外，可以看出，剩下的各个行业都有获得补贴的公司和没有获得补贴的公司。财政补贴面最广的是制造业，高达96.4%的公司均能获得补贴，获取补贴面最小的是交通运输和

仓储业，只有72.7%的公司能获得补贴。

表4-6　2012~2015年是否获得财政补贴的按行业统计

行业	样本量	平均数	中位数	标准差
农、林、牧、渔业	33	0.879	1	0.331
采掘业	72	0.903	1	0.298
制造业	1210	0.964	1	0.185
电力、煤气及水的生产和供应业	126	0.881	1	0.325
建筑业	28	0.929	1	0.262
交通运输、仓储业	99	0.727	1	0.448
信息技术业	88	0.920	1	0.272
批发和零售贸易	158	0.880	1	0.326
社会服务业	63	0.762	1	0.429
传播与文化产业	3	1.000	1	0.000
综合类	82	0.927	1	0.262
合计	1962	0.926	1	0.262

结合表4-5和4-6可以看出，交通运输、仓储业，社会服务业，农、林、牧、渔业，批发和零售贸易，电力、煤气及水的生产和供应业，采掘业依次在补贴面和补贴金额上都是最小的，且低于全行业平均数。传播与文化产业不论在补贴面上还是在补贴额上，都是全行业最高的，其次是制造业。信息技术业虽然在补贴面上低于全行业平均数，但在补贴额上却仅次于文化传播产业和制造业，由此进一步看出政府补贴的行业倾向性强，与国家宏观经济政策高度也相关。

六、财政补贴金额分年度的描述性统计

表4-7是分年度统计财政补贴金额，看年度间是否有区别。可以看出各年的样本量差别不大，说明数据在不同年份之间分布均匀，但总体趋势是逐年增长的，财政补贴力度越来越大。

表 4-7　2012~2015 年财政补贴金额分年度统计

年度	样本量	平均数	中位数	标准差	最小值	最大值
2012	491	13. 512	15. 256	5. 336	0	19. 761
2013	497	14. 478	15. 669	4. 376	0	19. 578
2014	485	14. 986	15. 844	4. 019	0	20. 323
2015	489	15. 363	16. 169	3. 706	0	20. 876
合计	1962	14. 582	15. 750	4. 455	0	20. 132

七、是否获取财政补贴分年度的描述性统计

表 4-8 是分年度分别统计是否获得财政补贴，看年度间是否有区别。结果表明，2012~2015 年财政补贴面是逐年拓宽的。

表 4-8　2012~2015 年是否获得财政补贴分年度统计

年度	样本量	平均数	中位数	标准差
2012	491	0. 876	1	0. 330
2013	497	0. 928	1	0. 259
2014	485	0. 944	1	0. 230
2015	489	0. 957	1	0. 203
合计	1962	0. 926	1	0. 262

第四节　相关性分析

一、财政补贴金额与其他变量的相关性分析

表 4-9 是财政补贴金额与其他各个变量的相关性分析表。可以看出财

政补贴金额和上市公司的规模、盈亏状况、政府背景是正相关的，其中与上市公司的规模显著正相关。而财政补贴金额与上市公司的产权性质是负相关。

表 4-9 lnsubsidy 和主要自变量的相关系数

变量	lnsubsidy	size	earn-yn	govern	property	debt
lnsubsidy	1					
size	0. 3101 *	1				
earn-yn	0. 0177	0. 2449 *	1			
govern	0. 0363	0. 0971 *	-0. 0044	1		
property	-0. 0218	0. 0464 *	-0. 0113	0. 1092 *	1	
debt	0. 0436	0. 1786 *	-0. 2029 *	-0. 0212	-0. 0024	1

* 代表在 5%水平上显著相关。

二、是否获取财政补贴与其他变量的相关性分析

表 4-10 为是否获取财政补贴与其他各个变量相关性分析表。可以说明其结果与表 4-9 的结论一致。

表 4-10 subsidyyn 和主要自变量的相关系数

变量	subsidy-yn	size	earn-yn	govern	property	debt
subsidy-yn	1					
size	0. 1852 *	1				
earn-yn	0. 0157	0. 2449 *	1			
govern	0. 0265	0. 0971 *	-0. 0044	1		
property	-0. 0225	0. 0464 *	-0. 0113	0. 1092 *	1	
debt	0. 0199	0. 1786 *	-0. 2029 *	-0. 0212	-0. 0024	1

* 代表在 5%水平上显著相关。

第五节 回归分析

一、公司各特征变量和政府补贴金额的回归分析

表4-11是公司各特征变量和政府补贴金额回归结果，其中模型4-1至模型4-4是代表企业特征的四个自变量：公司规模、产权性质、是否有政府背景和盈亏状况，分别与政府补贴金额进行回归。其中公司规模与补贴金额在0.1%水平显著相关，系数符号和前述预测一致。政府更倾向于给予规模大的企业更多补贴，接受假设4-1。政府背景与补贴金额在5%水平显著，系数符号和预测相符，因为政府倾向于给拥有政府背景的公司补贴，所以接受假设4-3。为了进一步研究政府补贴发放的综合影响因素，做了模型4-5的回归，即将代表公司特征的四个变量与补贴金额进行回归。结果显示，公司规模和盈亏两个变量与补贴金额回归显著，且与预测符号一致。说明政府倾向于对亏损和规模大的公司给予更多补贴，帮助其发展，因此假设4-4成立。盈亏变量单独和补贴金额回归不显著，却在模型4-5中显著的原因可能在于盈亏是受各种因素共同作用的结果。产权性质在模型4-2和模型4-5中都不显著，这与我们之前的假设4-2是不相符的，拒绝假设4-2，说明2012~2015年这四年政府发放补贴的金额和该公司是否是国有公司没有太大关系。政府发放补贴的金额已经不太关注其是否为国有及国有控股公司。

表4-11 公司各特征变量和政府补贴金额回归结果

（因变量：lnsubsidy）

变量	模型4-1	模型4-2	模型4-3	模型4-4	模型4-5
size	1.399*** (14.28)				1.485*** (14.56)

续表

变量	模型 4-1	模型 4-2	模型 4-3	模型 4-4	模型 4-5
property		-0. 181 (-0. 93)			-0. 356 (-1. 91)
govern			0. 423* (2. 08)		0. 125 (0. 64)
earn-yn				0. 313 (1. 02)	-0. 937** (-3. 07)
debt	-0. 013* (-1. 99)	0. 003 (0. 47)	0. 003 (0. 5)	0. 005 (0. 66)	-0. 0183** (-2. 65)
年度	控制	控制	控制	控制	控制
行业	控制	控制	控制	控制	控制
_cons	-15. 04*** (-7. 17)	15. 15*** (22. 29)	14. 73*** (21. 64)	14. 69*** (19. 61)	-15. 71*** (-7. 48)
N	1962	1962	1962	1962	1962
F	21. 58	9. 69	10. 05	9. 43	18. 90
adj. R^2	0. 188	0. 092	0. 094	0. 092	0. 193

t statistics in parentheses; * $p < 0.05$, ** $p < 0.01$, *** $p < 0.001$。

二、公司各特征变量和政府补贴金额的回归分析

表 4-12 是公司各特征变量和政府是否补贴回归结果。模型 4-1 至模型 4-4 是代表公司特征的四个自变量与是否补贴进行回归。模型 4-5 是这四个变量一起和是否补贴回归。这五个模型回归结果均只有公司规模和是否补贴在 0. 1%水平下显著相关。说明政府倾向于对规模较大的公司进行补贴。从描述性统计也可以看出，政府进行补贴的公司占样本数的 90%以上，说明政府对大部分公司都会补贴。受到补贴的各公司类型没有明显区别。

表 4-12　公司各特征变量和是否获得政府补贴回归结果

（因变量：subsidyyn）

变量	模型 4-1	模型 4-2	模型 4-3	模型 4-4	模型 4-5
size	0. 952 *** （8. 41）				0. 999 *** （8. 52）
property		-0. 187 （-0. 98）			-0. 267 （-1. 31）
govern			0. 334 （1. 74）		0. 201 （0. 98）
earn-yn				0. 229 （0. 85）	-0. 471 （-1. 63）
debt	-0. 00979 （-1. 59）	-0. 00341 （-0. 51）	-0. 00383 （-0. 56）	-0. 00282 （-0. 41）	-0. 0115 （-1. 81）
行业	控制	控制	控制	控制	控制
年度	控制	控制	控制	控制	控制
_ cons	-17. 03 *** （-7. 18）	3. 517 *** （5. 28）	3. 189 *** （4. 72）	3. 161 *** （4. 37）	-17. 53 *** （-7. 27）
N	1962	1962	1962	1962	1962
Wald 值	158. 8	125. 2	133. 8	120. 9	177. 5
pseudo R^2	0. 199	0. 119	0. 121	0. 119	0. 204

t statistics in parentheses；* $p<0.05$，** $p<0.01$，*** $p<0.001$。

通过对营利性组织财政补贴倾向性实证检验，前面提出的假设 4-1、假设 4-3、假设 4-4 成立，假设 4-2 不成立。由此说明，政府财政补贴倾向于那些规模大的公司、董事会成员中有政府背景的公司、亏损的公司，而对于是否是国有及国有控股公司的差别不显著。

第五章 05

营利性组织财政补贴绩效检验

第一节

变量设计、检验模型与数据来源

一、变量设计

各个绩效变量的设计如表 5-1 所示：

表 5-1　绩效变量设计表

变量类型	变量类别	变量标示	变量含义	计算或取值方法
因变量	社会维度	lnemplyee	员工人数的对数	本期员工数的自然对数
		lnavesalary	平均薪酬的对数	（职工薪酬总额÷本期职工总人数）的自然对数
		tax	税收贡献率	纳税总额÷营业收入
	财务维度	ebit	利息保障倍数	息税前利润÷全部的利息费用
		roa	总资产报酬率	息税前利润÷平均资产总额
		zwcb	债务成本	利息支出÷平均借款余额
	内部经营流程维度	manage	管理费用率	管理费用÷营业收入
		turn	总资产周转率	营业收入÷平均资产总额
		cost	主营业务成本率	主营业务成本÷主营业务收入
	学习与成长维度	intangiable	无形资产比率	无形资产÷总资产
		growth	成长性	（本期主营业务收入-上期主营业务收入）÷上期主营业务收入
		renew	资产更新率	资本支出÷（折旧+摊销）

续表

变量类型	变量类别	变量标示	变量含义	计算或取值方法
自变量	是否获取财政补贴	subsidy-yn	是否获得政府财政补贴	当公司获得政府补贴时，该虚拟变量取 1，否则为 0。在经济后果检验中作为自变量
	获取财政补贴规模	lnsubsidy	政府财政补贴包括财政拨款、税费减免、财政贴息和无偿划拨非货币性资产四部分	（财政拨款+税费减免+财政贴息+无偿划拨非货币性资产）的自然对数
控制变量	资产负债率	debt	资产负债率	平均负债总额÷平均资产总额
	产权	property	产权性质	国有及国有控股公司取 1，其余取 0
	政府背景	govern	政府背景	董事会成员有政府背景取 1，其余取 0
控制变量	规模	Size	资产规模	总资产的自然对数
	年份	$year_i$	年度虚拟变量	当公司属于年度 i 时，该虚拟变量取 1，否则为 0
	行业	$industry_j$	行业虚拟变量	当公司属于行业 j 时，该虚拟变量取 1，否则为 0

二、模型设计

为了回答上面提到的问题，需要设计以下模型：

模型 5-1：

$$\ln emplyee = a_0 + a_1 subsidy - yn/subsidy + a_2 debt + a_3 property + a_4 govern + a_5 size + \sum_{i=1}^{3} a_{(5+i)} year_i + \sum_{j=1}^{10} a_{(8+j)} industry_i + \varepsilon$$

模型 5-2：

$$\ln avesalary = a_0 + a_1 subsidy - yn/subsidy + a_2 debt + a_3 property + a_4 govern + a_5 size + \sum_{i=1}^{3} a_{(5+i)} year_i + \sum_{j=1}^{10} a_{(8+j)} industry_i + \varepsilon$$

模型 5-3：

$$tax = a_0 + a_1 subsidy - yn/subsidy + a_2 debt + a_3 property + a_4 govern + a_5 size + \sum_{i=1}^{3} a_{(5+i)} year_i + \sum_{j=1}^{10} a_{(8+j)} industry_i + \varepsilon$$

模型 5-4：

$$ebit = a_0 + a_1 subsidy - yn/subsidy + a_2 debt + a_3 property + a_4 govern + a_5 size + \sum_{i=1}^{3} a_{(5+i)} year_i + \sum_{j=1}^{10} a_{(8+j)} industry_i + \varepsilon$$

模型 5-5：

$$roa = a_0 + a_1 subsidy - yn/subsidy + a_2 debt + a_3 property + a_4 govern + a_5 size + \sum_{i=1}^{3} a_{(5+i)} year_i + \sum_{j=1}^{10} a_{(8+j)} industry_i + \varepsilon$$

模型 5-6：

$$zwcb = a_0 + a_1 subsidy - yn/subsidy + a_2 debt + a_3 property + a_4 govern + a_5 size + \sum_{i=1}^{3} a_{(5+i)} year_i + \sum_{j=1}^{10} a_{(8+j)} industry_i + \varepsilon$$

模型 5-7：

$$manage = a_0 + a_1 subsidy - yn/subsidy + a_2 debt + a_3 property + a_4 govern + a_5 size + \sum_{i=1}^{3} a_{(5+i)} year_i + \sum_{j=1}^{10} a_{(8+j)} industry_i + \varepsilon$$

模型 5-8：

$$turn = a_0 + a_1 subsidy - yn/subsidy + a_2 debt + a_3 property + a_4 govern + a_5 size + \sum_{i=1}^{3} a_{(5+i)} year_i + \sum_{j=1}^{10} a_{(8+j)} industry_i + \varepsilon$$

模型 5-9：

$$cost = a_0 + a_1 subsidy - yn/subsidy + a_2 debt + a_3 property + a_4 govern + a_5 size + \sum_{i=1}^{3} a_{(5+i)} year_i + \sum_{j=1}^{10} a_{(8+j)} industry_i + \varepsilon$$

模型 5-10：

$$\text{intangiable} = a_0 + a_1 subsidy - yn/subsidy + a_2 debt + a_3 property + a_4 govern + a_5 size + \sum_{i=1}^{3} a_{(5+i)} year_i + \sum_{j=1}^{10} a_{(8+j)} industry_i + \varepsilon$$

模型 5-11：

$$growth = a_0 + a_1 subsidy - yn/subsidy + a_2 debt + a_3 property + a_4 govern + a_5 size + \sum_{i=1}^{3} a_{(5+i)} year_i + \sum_{j=1}^{10} a_{(8+j)} industry_i + \varepsilon$$

模型 5-12：

$$renew = a_0 + a_1 subsidy - yn/subsidy + a_2 debt + a_3 property + a_4 govern + a_5 size + \sum_{i=1}^{3} c_{(5+i)} year_i + \sum_{j=1}^{10} a_{(8+j)} industry_i + \varepsilon$$

三、数据来源与样本选择

本部分数据来源与样本选择同第四章营利性组织倾向性检验。

第三节 样本的描述性统计

一、绩效变量总体的描述性统计

表 5-2　2012 ~2015 年各指标统计情况

变量	样本量	平均数	中位数	标准差	最小值	最大值
lnemplyee	1962	7.748	7.795	1.299	2.565	12.287
lnavealary	1962	11.280	11.187	0.820	6.632	15.551
tax	1962	0.088	0.063	0.116	-1.940	1.368
ebit	1962	21.259	2.285	788.327	-1035.880	34878.730
zwcb	1962	1.239	0.089	27.080	-38.133	1178.752
roa	1962	3.598	3.496	8.743	-113.457	73.466
turn	1962	0.813	0.656	0.619	0.016	5.837
cost	1962	98.562	96.386	32.140	33.157	886.872

续表

变量	样本量	平均数	中位数	标准差	最小值	最大值
manage	1962	8. 525	6. 411	9. 315	0. 350	168. 943
intangiable	1962	5. 686	3. 714	6. 989	0. 000	68. 270
growth	1962	24. 756	13. 729	218. 373	-87. 199	8884. 136
renew	1962	2. 847	1. 672	6. 700	-1. 719	173. 009

表 5-2 描述了 2012~2015 年代表各个维度指标的统计情况，一共有 1962 个样本。可以看出，代表社会维度的三个指标分布比较稳定，离散程度比较小，其中税收贡献率最小值是负数，说明有一部分公司获得的财政补贴是以减少税收的形式实现的。利息保障倍数和总资产报酬率最小值也是负数，说明样本中有些公司是亏损的，而且利息保障倍数的标准差很大，说明在这 1962 个样本中，其分布比较离散。成长性的标准差也比较大，说明这些公司的成长性参差不齐。从而说明了这些样本具有随机性和代表性，增加了说服力。

二、是否获取财政补贴二分变量下绩效变量的描述性统计

表 5-3 2012~2015 年分是否有财政补贴对各指标进行描述性统计

变量	subsidyyn	样本量	平均数	中位数	标准差	最小值	最大值
renew	0	145	1. 980	0. 953	2. 654	0. 001	13. 034
	1	1817	2. 916	1. 718	6. 917	-1. 719	173. 009
growth	0	145	21. 648	9. 080	106. 115	-87. 199	1149. 378
	1	1817	25. 004	13. 940	224. 946	-79. 663	8884. 136
Intangiable	0	145	7. 393	3. 963	10. 017	0. 000	62. 487
	1	1817	5. 549	3. 700	6. 674	0. 000	68. 270
lnemplyee	0	145	6. 775	6. 905	1. 396	2. 890	10. 499
	1	1817	7. 826	7. 855	1. 259	2. 565	12. 287
lnavealary	0	145	11. 093	11. 085	0. 953	6. 632	14. 135
	1	1817	11. 295	11. 195	0. 807	8. 573	15. 551

续表

变量	subsidyyn	样本量	平均数	中位数	标准差	最小值	最大值
tax	0	145	0. 142	0. 101	0. 160	0. 000	1. 022
	1	1817	0. 084	0. 062	0. 111	-1. 940	1. 368
ebit	0	145	242. 891	2. 042	2896. 351	-102. 415	34878. 73
	1	1817	3. 572	2. 325	40. 615	-1035. 88	681. 622
zwcb	0	145	0. 814	0. 079	4. 364	-0. 005	46. 062
	1	1817	1. 273	0. 090	28. 113	-38. 133	1178. 752
roa	0	145	2. 364	2. 617	9. 447	-36. 597	32. 662
	1	1817	3. 696	3. 565	8. 680	-113. 457	73. 466
turn	0	145	0. 609	0. 354	0. 580	0. 016	3. 037
	1	1817	0. 829	0. 667	0. 619	0. 036	5. 837
cost	0	145	106. 460	96. 776	73. 776	42. 090	886. 872
	1	1817	97. 932	96. 334	26. 048	33. 157	651. 221
manage	0	145	13. 269	8. 159	17. 455	0. 819	168. 943
	1	1817	8. 146	6. 337	8. 221	0. 350	120. 685

从表 5-3 中可以看到，在 1962 个数据中，获得财政补贴的有 1817 个，只有 145 个没有获得财政补贴，也就是说政府基本上对所有的公司都或多或少地给予了一些补助。在代表学习与成长维度的三个指标中，受到财政补贴的成长性和资产更新率比没有受到补贴的效果要明显好，而在无形资产比率上不是很明显。在代表社会维度的三个指标中，从最大值、平均值、标准差来看，获得补助的明显比没有获得补助的效果好。在财务维度中，获得补助的利息保障倍数和总资产报酬率的标准差明显小于没有获得补助的，而且获得补助的这两个指标的最小值更小，说明政府倾向于那些息税前利润为负的公司发放财政补贴。另外，获得财政补贴的债务成本的表现比没有获得补贴的效果差，说明政府补贴对于公司债务成本的影响很小。同样在内部经营流程维度中，获得补贴的这三个指标在一定程度上比没有获得补贴的绩效好。

三、不同产权性质下绩效变量的描述性统计

表 5-4 是不同产权性质下的描述性统计，从表 5-4 中可以看出，在 1962 个样本中，国有及国有控股的占 1182 个，约与 60%。由此可知，是否是国有及国有控股公司对这十二个指标总体上的绩效影响不大。其中国有及国有控股的公司，其成长性跟债务成本的绩效表现比不是国有的公司要好。也就是说，如果公司是国有及国有控制的企业，其获取资金的能力要强，成长性要好。

表 5-4 2012~2015 年分产权性质对各指标进行描述性统计

变量	property	样本量	平均数	中位数	标准差	最小值	最大值
renew	0	780	2.901	1.652	7.071	-1.719	173.009
	1	1182	2.812	1.677	5.445	0.000	158.868
growth	0	780	17.386	13.675	39.509	-79.663	729.227
	1	1182	29.620	13.760	279.451	-87.199	8884.136
intangiable	0	780	5.741	3.632	7.162	0.000	50.429
	1	1182	5.649	3.773	6.875	0.000	68.270
lnemplyee	0	780	7.746	7.783	1.263	3.091	12.287
	1	1182	7.749	7.804	1.322	2.565	10.999
lnavealary	0	780	11.255	11.218	0.705	8.573	14.609
	1	1182	11.297	11.160	0.888	6.632	15.551
tax	0	780	0.075	0.057	0.111	-1.940	0.893
	1	1182	0.097	0.067	0.119	-0.126	1.368
ebit	0	780	3.430	2.246	35.932	-690.378	674.695
	1	1182	33.024	2.316	1015.237	-1035.88	34878.73
zwcb	0	780	0.692	0.085	6.296	-1.937	119.009
	1	1182	1.601	0.091	34.513	-38.133	1178.752
roa	0	780	3.877	3.452	6.945	-36.690	56.829
	1	1182	3.413	3.514	9.748	-113.457	73.466

续表

变量	property	样本量	平均数	中位数	标准差	最小值	最大值
turn	0	780	0.789	0.657	0.516	0.040	3.846
	1	1182	0.829	0.655	0.679	0.016	5.837
cost	0	780	96.540	96.505	15.753	50.329	265.138
	1	1182	99.897	96.221	39.333	33.157	886.872
manage	0	780	7.986	6.628	6.622	0.739	55.854
	1	1182	8.880	6.197	10.716	0.350	168.943

四、不同政府背景下绩效变量的描述性统计

表 5-5 是不同政府背景下绩效变量的描述性统计，从表 5-5 中可以看出，在 1962 个样本中有 1239 个样本有政府背景。对于社会维度的三个指标和内部经营流程维度的三个指标的绩效跟是否有政府背景影响不大。对于成长性来说，有政府背景的绩效比没有政府背景的总体好一些。而对于财务维度三个指标的绩效，是否有政府背景的区别比较大。

表 5-5　2012~2015 年分政府背景对各指标进行描述性统计

变量	govern	样本量	平均数	中位数	标准差	最小值	最大值
renew	0	723	2.780	1.582	8.365	0.002	173.009
	1	1239	2.886	1.719	5.503	-1.719	158.868
growth	0	723	16.915	13.165	54.748	-77.747	1149.378
	1	1239	29.332	14.005	271.535	-87.199	8884.136
intangiable	0	723	4.976	3.357	5.591	0.000	40.661
	1	1239	6.100	3.954	7.660	0.000	68.270
lnemplyee	0	723	7.611	7.669	1.319	2.565	11.329
	1	1239	7.828	7.866	1.281	2.639	12.287
lnavealary	0	723	11.322	11.219	0.895	6.632	15.205
	1	1239	11.256	11.172	0.772	8.573	15.551
tax	0	723	0.089	0.060	0.152	-1.940	1.368
	1	1239	0.088	0.065	0.090	-0.490	1.133

续表

变量	govern	样本量	平均数	中位数	标准差	最小值	最大值
ebit	0	723	50. 280	2. 272	1293. 195	-1035. 88	34878. 73
	1	1239	4. 324	2. 318	27. 293	-316. 946	681. 622
zwcb	0	723	0. 445	0. 089	3. 499	-3. 445	64. 752
	1	1239	1. 703	0. 089	35. 968	-38. 133	1178. 752
roa	0	723	3. 071	3. 446	9. 198	-91. 834	47. 702
	1	1239	3. 905	3. 517	8. 455	-113. 457	73. 466
turn	0	723	0. 828	0. 694	0. 546	0. 040	3. 846
	1	1239	0. 804	0. 643	0. 658	0. 016	5. 837
cost	0	723	99. 125	96. 342	22. 163	37. 010	361. 437
	1	1239	98. 234	96. 387	36. 735	33. 157	886. 872
manage	0	723	8. 777	6. 494	9. 264	0. 739	100. 674
	1	1239	8. 377	6. 360	9. 345	0. 350	168. 943

五、不同盈亏状况下绩效变量的描述性统计

表 5-6 是不同盈亏状况下绩效变量的描述性统计，从表 5-6 中来看，1962 个样本里有 1714 个样本都是盈利的，占了很大比重，可以看出，盈利的公司各个维度指标绩效与不盈利的绩效差别还是很大的。可以得出结论，公司的绩效水平好坏跟公司盈利有一定的关系。

表 5-6　2012~2015 年分是否盈利对各指标进行描述性统计

变量	earn-yn	样本量	平均数	中位数	标准差	最小值	最大值
renew	0	248	1. 702	0. 786	3. 935	0. 000	43. 486
	1	1714	3. 013	1. 810	6. 995	-1. 719	173. 009
growth	0	248	-0. 426	-6. 185	60. 510	-76. 693	827. 844
	1	1714	28. 400	15. 299	232. 288	-87. 199	8884. 136
intangiable	0	248	6. 086	4. 760	5. 558	0. 000	33. 699
	1	1714	5. 628	3. 624	7. 172	0. 000	68. 270
lnemplyee	0	248	7. 328	7. 535	1. 240	3. 091	10. 377
	1	1714	7. 809	7. 843	1. 296	2. 565	12. 287

续表

变量	earn-yn	样本量	平均数	中位数	标准差	最小值	最大值
lnavealary	0	248	11.071	10.915	0.918	8.943	14.609
	1	1714	11.310	11.218	0.800	6.632	15.551
tax	0	248	0.090	0.055	0.225	-1.940	1.368
	1	1714	0.088	0.064	0.091	-0.490	1.133
ebit	0	248	-10.436	-0.839	82.569	-1035.880	118.820
	1	1714	25.845	2.571	842.782	-81.270	34878.730
zwcb	0	248	0.098	0.073	0.225	-1.890	1.460
	1	1714	1.404	0.093	28.970	-38.133	1178.752
roa	0	248	-9.000	-5.219	14.560	-113.457	7.112
	1	1714	5.420	4.130	5.535	-29.935	73.466
turn	0	248	0.642	0.540	0.420	0.016	2.554
	1	1714	0.838	0.671	0.639	0.036	5.837
cost	0	248	132.000	110.959	76.197	85.029	886.872
	[illegible]	1714	93.724	95.467	12.652	33.157	255.546
manage	0	248	14.920	8.684	18.622	0.407	168.943
	1	1714	7.599	6.140	6.523	0.350	120.685

六、不同规模下绩效变量的描述性统计

表 5-7 是不同规模下各绩效变量的描述性统计，从表 5-7 中可以看出，在 1962 个样本中，大规模公司和小规模公司各占一半。大规模公司社会维度的绩效比较好，在学习成长性维度方面小规模公司的绩效比较好，而在财务维度方面，小规模公司的绩效相对来说也比较好，可以解释为小规模公司业务比较单一，处于发展成长阶段，所以在资金财务方面更加谨慎。

表 5-7　2012~2015 年分规模对各指标进行描述性统计

变量	规模	样本量	平均数	中位数	标准差	最小值	最大值
renew	0	981	2.113	1.186	4.652	0.000	120.403
	1	981	3.581	2.174	8.191	-1.719	173.009

续表

变量	规模	样本量	平均数	中位数	标准差	最小值	最大值
growth	0	981	22. 982	10. 104	287. 811	-87. 199	8884. 136
	1	981	26. 531	18. 006	112. 164	-79. 663	3116. 787
intangiable	0	981	6. 176	4. 394	6. 675	0. 000	50. 429
	1	981	5. 195	3. 330	7. 260	0. 000	68. 270
lnemplyee	0	981	7. 136	7. 354	1. 096	2. 565	9. 546
	1	981	8. 361	8. 383	1. 193	3. 738	12. 287
lnavealary	0	981	11. 109	11. 008	0. 812	6. 632	15. 226
	1	981	11. 452	11. 364	0. 791	8. 762	15. 551
tax	0	981	0. 099	0. 068	0. 128	-0. 040	1. 368
	1	981	0. 078	0. 059	0. 102	-1. 940	0. 486
ebit	0	981	38. 567	2. 259	1114. 599	-1035. 880	34878. 730
	1	981	3. 951	2. 308	24. 922	-316. 946	674. 695
zwcb	0	981	1. 670	0. 087	37. 852	-38. 133	1178. 752
	1	981	0. 808	0. 091	5. 852	-1. 323	119. 009
roa	0	981	2. 341	2. 974	10. 825	-113. 457	73. 466
	1	981	4. 854	4. 079	5. 711	-29. 935	47. 702
turn	0	981	0. 778	0. 654	0. 529	0. 016	4. 697
	1	981	0. 848	0. 657	0. 696	0. 036	5. 837
cost	0	981	103. 617	97. 609	43. 049	34. 932	886. 872
	1	981	93. 508	95. 423	12. 752	33. 157	265. 138
manage	0	981	10. 901	7. 956	12. 003	0. 841	168. 943
	1	981	6. 149	5. 171	4. 273	0. 350	32. 009

七、绩效变量分年度的描述性统计

表 5-8 是分年度各绩效变量的描述性统计，从表 5-8 中可以看出，随着时间的推移，2012~2015 年，上市公司的经营规模都有所扩大，但是经营能力并没有持续性的增强，营业收入波动幅度较大；技术改进方面效果不明显；资金使用效益及效率都没有提高，甚至有下降的趋势。在财务方面，

公司的偿债能力忽高忽低，不能保持稳定，但整体盈利能力有所提高，资本成本呈下降的趋势；公司价值总体还是有所提升的，但对增加就业、改善环境方面没有明显的提高。

表 5-8　2012~2015 年分年度对各指标进行描述性统计

变量	年度	样本量	平均数	中位数	标准差	最小值	最大值
renew	2012	491	2.622	1.776	2.969	-1.719	22.835
	2013	497	2.359	1.373	3.269	0.002	29.669
	2014	485	3.12	1.714	9.788	0.001	173.009
	2015	489	3.297	1.88	8.065	0.026	158.868
growth	2012	491	33.201	12.038	402.017	-68.541	8884.136
	2013	497	6.448	4.121	36.676	-76.693	300.188
	2014	485	35.79	22.862	151.315	-87.199	3116.787
	2015	489	23.941	15.453	68.817	-73.62	1149.378
intangiable	2012	491	5.725	3.713	7.019	0	62.921
	2013	497	5.636	3.709	6.672	0	62.487
	2014	485	5.692	3.692	7.102	0	68.27
	2015	489	5.69	3.771	7.178	0	67.251
lnemplyee	2012	491	7.657	7.719	1.287	2.996	12.228
	2013	497	7.684	7.708	1.296	2.639	12.287
	2014	485	7.786	7.845	1.291	2.565	12.282
	2015	489	7.867	7.929	1.314	2.565	12.283
lnavesalary	2012	491	11.116	11.039	0.849	6.632	15.551
	2013	497	11.214	11.098	0.844	8.573	15.226
	2014	485	11.354	11.258	0.797	8.762	15.205
	2015	489	11.438	11.333	0.749	9.763	15.152
tax	2012	491	0.096	0.068	0.112	-0.04	1.133
	2013	497	0.091	0.064	0.11	-0.49	1.293
	2014	485	0.086	0.061	0.103	-0.242	1.344
	2015	489	0.081	0.058	0.138	-1.94	1.368

续表

变量	年度	样本量	平均数	中位数	标准差	最小值	最大值
ebit	2012	491	3.287	1.764	49.699	-690.378	674.695
	2013	497	0.894	2.204	50.472	-1035.88	118.82
	2014	485	78.068	2.74	1583.811	-21.837	34878.73
	2015	489	3.656	2.461	8.044	-81.27	103.401
zwcb	2012	491	0.971	0.101	8.131	-1.323	119.009
	2013	497	0.571	0.085	3.844	-3.445	57.703
	2014	485	3.119	0.077	53.641	-1.937	1178.752
	2015	489	0.323	0.092	2.592	-38.133	26.772
roa	2012	491	2.114	3.019	9.912	-113.457	34.455
	2013	497	2.719	3.148	10.784	-99.86	73.466
	2014	485	4.969	4.017	6.291	-38.796	56.829
	2015	489	4.62	3.978	6.719	-52.713	47.702
turn	2012	491	0.822	0.667	0.629	0.016	5.837
	2013	497	0.758	0.628	0.569	0.06	4.928
	2014	485	0.812	0.659	0.606	0.036	5.078
	2015	489	0.86	0.675	0.667	0.04	5.543
cost	2012	491	103.155	97.244	52.116	33.157	886.872
	2013	497	100.448	96.899	29.791	34.932	460.23
	2014	485	95.161	95.716	14.879	37.503	246.372
	2015	489	95.408	95.905	15.994	37.01	265.138
manage	2012	491	9.002	6.5	11.947	0.739	168.943
	2013	497	9.093	6.773	9.505	0.485	100.674
	2014	485	8.163	6.326	7.356	0.522	66.617
	2015	489	7.827	6.196	7.66	0.35	80.947

八、绩效变量分行业的描述性统计

表5-9是行业各绩效变量的描述性统计。从表5-9中可以看出，制造业在样本中占据了大量的份额。对于交通运输、仓储业、信息技术业、社会服务业这四个行业在学习与成长维度和社会维度方面绩效比较好。对于

采掘业、制造业、批发和零售贸易这三个行业在财务维度方面绩效不错。而农、林、牧、渔业在内部经营流程维度方面表现很好。

表 5-9　2012~2015 年分行业对各指标进行描述性统计

变量	行业	样本量	平均数	中位数	标准差	最小值	最大值
renew	农、林、牧、渔业	33	2.599	1.517	3.067	0.102	13.365
	采掘业	72	2.547	2.004	1.912	0.325	10.168
	制造业	1210	2.92	1.69	6.848	-1.719	173.009
	电力、煤气及水的生产和供应业	126	2.821	1.743	3.529	0.016	24.887
	建筑业	28	2.576	1.643	2.87	0.119	10.64
	交通运输、仓储业	99	3.056	1.871	2.985	0.074	13.392
	信息技术业	88	2.158	1.516	2.518	0.001	17.307
	批发和零售贸易	158	2.35	1.291	3.319	0.1	30.506
renew	社会服务业	63	4.73	1.253	19.945	0.021	158.868
	传播与文化产业	3	1.675	1.587	0.232	1.499	1.938
	综合类	82	2.307	1.529	3.159	0.036	18.413
growth	农、林、牧、渔业	33	15.994	8.321	39.599	-48.366	165.969
	采掘业	72	24.828	22.381	27.682	-48.872	81.623
	制造业	1210	24.232	13.563	257.869	-87.199	8884.136
	电力、煤气及水的生产和供应业	126	14.916	12.208	23.237	-40.101	111.244
	建筑业	28	26.458	25.798	28.257	-21.323	87.603
	交通运输、仓储业	99	56.783	13.309	323.588	-57.945	3116.787
	信息技术业	88	41.569	12.842	156.441	-60.701	1149.378
	批发和零售贸易	158	18.805	15.007	36.619	-77.747	285.885
	社会服务业	63	15.88	8.115	29.331	-46.6	101.874
	传播与文化产业	3	63.541	37.451	51.575	30.225	122.949
	综合类	82	10.648	10.808	33.86	-75.888	162.514

续表

变量	行业	样本量	平均数	中位数	标准差	最小值	最大值
intangiable	农、林、牧、渔业	33	8.836	5.776	9.366	0.05	33.699
	采掘业	72	7.896	6.36	6.386	0.307	36.803
	制造业	1210	4.851	3.711	4.528	0	46.661
	电力、煤气及水的生产和供应业	126	5.714	1.851	11.02	0	68.27
	建筑业	28	7.467	1.116	12.728	0.009	50.429
	交通运输、仓储业	99	11.219	6.719	13.78	0.037	62.921
	信息技术业	88	3.509	3.243	3.418	0.002	25.12
	批发和零售贸易	158	5.03	2.854	6.269	0.049	32.576
	社会服务业	63	12.226	8.254	12.004	0	43.413
	传播与文化产业	3	11.301	12.2[illegible]5	7.881	2.995	18.673
	综合类	82	5.833	3.8[illegible]	6.05	0.103	24.222
lnemplyee	农、林、牧、渔业	33	6.783	7.164	1.294	4.234	8.784
	采掘业	72	9.152	9.4[illegible]8	1.308	5.371	11.329
	制造业	1210	7.928	7.942	1.094	2.565	11.5
	电力、煤气及水的生产和供应业	126	7.104	7.289	1.176	3.829	10.241
	建筑业	28	7.222	7.[illegible]39	1.083	5.416	9.885
	交通运输、仓储业	99	7.417	7.762	1.477	2.89	10.122
	信息技术业	88	7.324	7.387	1.89	3.689	12.287
	批发和零售贸易	158	7.293	7.28	1.432	3.135	10.545
	社会服务业	63	7.152	7.284	1.753	2.639	10.515
	传播与文化产业	3	8.791	8.55	0.439	8.526	9.298
	综合类	82	7.566	7.57	1.026	4.934	10.441
lnave-salary	农、林、牧、渔业	33	10.988	10.97	0.63	10.001	12.928
	采掘业	72	11.308	11.352	0.433	10.236	12.277
	制造业	1210	11.148	11.069	0.736	6.632	15.551
	电力、煤气及水的生产和供应业	126	11.65	11.621	0.728	9.45	14.045

续表

变量	行业	样本量	平均数	中位数	标准差	最小值	最大值
lnave-salary	建筑业	28	12.302	12.173	1.312	10.163	14.579
	交通运输、仓储业	99	11.785	11.658	0.781	10.192	14.042
	信息技术业	88	11.572	11.472	0.993	9.855	14.984
	批发和零售贸易	158	11.516	11.333	1.06	9.715	14.618
	社会服务业	63	11.168	11.041	0.916	9.979	15.226
	传播与文化产业	3	11.379	11.628	0.504	10.799	11.71
	综合类	82	11.111	11.164	0.651	8.762	12.242
tax	农、林、牧、渔业	33	0.054	0.036	0.069	-0.025	0.312
	采掘业	72	0.187	0.18	0.113	0.032	0.519
	制造业	1210	0.078	0.057	0.126	-1.94	1.368
	电力、煤气及水的生产和供应业	126	0.121	0.107	0.087	-0.048	0.435
	建筑业	28	0.071	0.076	0.043	0.015	0.188
	交通运输、仓储业	99	0.11	0.105	0.074	0	0.303
	信息技术业	88	0.095	0.067	0.107	0.007	0.674
	批发和零售贸易	158	0.055	0.049	0.049	-0.001	0.439
	社会服务业	63	0.128	0.115	0.068	0.004	0.379
	传播与文化产业	3	0.07	0.077	0.036	0.031	0.101
	综合类	82	0.121	0.082	0.141	-0.017	0.893
zwcb	农、林、牧、渔业	33	0.123	0.082	0.133	0.019	0.728
	采掘业	72	1.356	0.126	8.519	-38.133	46.062
	制造业	1210	0.702	0.087	5.796	-1.323	119.009
	电力、煤气及水的生产和供应业	126	0.11	0.082	0.179	0.001	1.989
	建筑业	28	0.102	0.065	0.142	0.022	0.769
	交通运输、仓储业	99	0.381	0.106	0.748	-0.275	5.074
	信息技术业	88	1.006	0.124	5.576	-3.445	49.572
	批发和零售贸易	158	7.871	0.099	93.754	-0.408	1178.752
	社会服务业	63	0.605	0.095	2.997	-0.077	23.849

续表

变量	行业	样本量	平均数	中位数	标准差	最小值	最大值
zwcb	传播与文化产业	3	0.266	0.298	0.15	0.103	0.398
	综合类	82	0.669	0.087	3.912	-1.937	34.099
roa	农、林、牧、渔业	33	2.341	3.175	6.465	-23.782	9.865
	采掘业	72	8.267	6.383	8.306	-20.89	30.82
	制造业	1210	3.225	3.22	9.217	-99.86	56.829
	电力、煤气及水的生产和供应业	126	2.668	2.751	5.423	-34.643	21.101
	建筑业	28	2.573	2.162	1.758	0.507	6.121
	交通运输、仓储业	99	5.602	4.991	4.39	-5.751	24.115
	信息技术业	88	3.722	4.091	16.387	-113.457	73.466
	批发和零售贸易	158	4.442	3.932	3.269	-1.547	22.896
	社会服务业	63	4.052	3.388	5.744	-15.007	20.05
	传播与文化产业	3	8.223	7.62	1.5	7.118	9.93
	综合类	82	2.587	3.853	8.328	-36.69	16.553
turn	农、林、牧、渔业	33	0.519	0.475	0.252	0.053	0.908
	采掘业	72	0.69	0.62	0.355	0.165	2.273
	制造业	1210	0.847	0.704	0.57	0.04	5.837
	电力、煤气及水的生产和供应业	126	0.443	0.33	0.391	0.085	2.63
	建筑业	28	0.762	0.729	0.379	0.21	1.713
	交通运输、仓储业	99	0.445	0.305	0.421	0.036	2.112
	信息技术业	88	0.887	0.723	0.617	0.016	3.116
	批发和零售贸易	158	1.421	1.249	0.888	0.109	5.543
	社会服务业	63	0.49	0.327	0.628	0.057	4.953
	传播与文化产业	3	0.766	0.764	0.153	0.615	0.92
	综合类	82	0.558	0.491	0.498	0.05	3.846
cost	农、林、牧、渔业	33	113.745	95.995	97.834	74.683	651.221
	采掘业	72	86.13	87.657	23.373	34.932	239.551
	制造业	1210	99.613	96.69	25.364	33.157	549.397
	电力、煤气及水的生产和供应业	126	96.457	95.015	14.278	69.504	181.797
	建筑业	28	95.252	97.767	6.383	74.674	99.799
	交通运输、仓储业	99	81.588	86.564	18.566	42.09	152.789
	信息技术业	88	113.19	98.329	89.316	65.391	886.872

续表

变量	行业	样本量	平均数	中位数	标准差	最小值	最大值
cost	批发和零售贸易	158	96.627	97.429	4.656	68.12	108.123
	社会服务业	63	96.357	93.781	21.578	41.233	173.97
	传播与文化产业	3	91.925	91.149	4.004	88.366	96.261
	综合类	82	102.691	97.115	23.676	65.336	196.758
manage	农、林、牧、渔业	33	11.994	6.692	15.068	3.094	69.458
	采掘业	72	8.863	7.346	6.898	1.165	36.902
	制造业	1210	8.071	6.427	8.353	0.739	120.685
	电力、煤气及水的生产和供应业	126	7.351	6.034	5.267	0.407	26.588
	建筑业	28	3.359	3.114	1.479	1.644	7.5
	交通运输、仓储业	99	7.979	6.664	5.247	0.599	37.015
	信息技术业	88	13.604	7.992	20.11	0.987	168.943
	批发和零售贸易	158	5.418	4.091	4.055	0.72	19.547
	社会服务业	63	19.015	13.95	13.203	0.35	46.603
	传播与文化产业	3	11.174	9.022	5.749	6.811	17.688
	综合类	82	10.128	7.925	9.756	1.741	67.642

第三节 相关性分析

一、财政补贴金额与各绩效变量的相关性分析

财政补贴金额与各绩效变量的相关性见表5-10。从表5-10可以看出，财政补贴金额与企业资产更新更新率、成长性、员工雇佣数量、工资薪酬水平、息税保障倍数、总资产报酬率、总资产周转率正相关，说明财政补贴金额越大，越能促进企业发展，改善企业绩效，激励企业雇佣更多员工并提高员工薪酬待遇。但是，财政补贴金额与无形资产比率、税收贡献率、债务成本率、主营业务成本率、管理费用率等负相关，说明财政补贴具有“双刃剑”的性质，财政补贴金额越大，企业对财政补贴的依赖性越高，越缺乏约束成本费用的内在动力。

表 5-10 lnsubsidy 和各个绩效指标的相关系数

变量	lnsubsidy	renew	growth	intangiable	lnemplyee	lnavesalary	tax	ebit	zwcb	roa	turn	cost	manage
lnsubsidy	1												
renew	0. 1137 *	1											
growth	0. 0815 *	0. 1616 *	1										
intangiable	-0. 0522 *	-0. 02	-0. 0309	1									
lnemplyee	0. 3151 *	0. 1094 *	0. 0949 *	-0. 0117	1								
lnavesalary	0. 1010 *	0. 0618 *	0. 0653 *	-0. 0841 *	-0. 2634 *	1							
tax	-0. 1563 *	-0. 0423	-0. 035	0. 2169 *	-0. 1047 *	0. 0404	1						
ebit	0. 0171	0. 0698 *	0. 2314 *	0. 0419	0. 0395	0. 0983 *	0. 1797 *	1					
zwcb	-0. 0146	-0. 0529 *	-0. 0121	-0. 0086	0. 0532 *	0. 1355 *	0. 1478 *	0. 0721 *	1				
roa	0. 0897 *	0. 2092 *	0. 3230 *	-0. 0228	0. 1559 *	0. 1742 *	0. 2498 *	0. 6088 *	0. 3739 *	1			
turn	0. 0973 *	-0. 1448 *	0. 1375 *	-0. 1035 *	0. 1974 *	0. 0439	-0. 4521 *	0. 1014 *	0. 1353 *	0. 1218 *	1		
cost	-0. 0243	-0. 2515 *	-0. 2760 *	-0. 0014	-0. 1507 *	-0. 1710 *	-0. 3703 *	-0. 4587 *	-0. 2226 *	-0. 7314 *	0. 1418 *	1	
manage	-0. 1478 *	-0. 0871 *	-0. 2139 *	0. 2465 *	-0. 1763 *	-0. 0689 *	0. 4461 *	-0. 0174	0. 0642 *	-0. 1071 *	-0. 4622 *	0. 1033 *	1

* 代表在 5%水平上显著相关。

二、是否获得财政补贴与各绩效变量的相关性分析

是否获得财政补贴与各绩效变量的关系见表 5-11，其结果与表 5-10 基本一致。

表 5-11　subsidyyn 和各个绩效指标的相关系数

变量	subsidyyn	renew	growth	intangiable	lnemplyee	lnavesalary	tax	ebit	zwcb	roa	turn	cost	manage
subsidyyn	1												
renew	0. 0740*	1											
growth	0. 0614*	0. 1616*	1										
intangiable	-0. 0394	-0. 02	-0. 0309	1									
lnemplyee	0. 2143*	0. 1094*	0. 0949*	-0. 0117	1								
lnavesalary	0. 0545*	0. 0618*	0. 0653*	-0. 0841*	-0. 2634*	1							
tax	-0. 1538*	-0. 0423	-0. 035	0. 2169*	-0. 1047*	0. 0404	1						
ebit	0. 0108	0. 0698*	0. 2314*	0. 0419	0. 0395	0. 0983*	0. 1797*	1					
zwcb	-0. 0149	-0. 0529*	-0. 0121	-0. 0086	0. 0532*	0. 1355*	0. 1478*	0. 0721*	1				
roa	0. 0495*	0. 2092*	0. 3230*	-0. 0228	0. 1559*	0. 1742*	0. 2498*	0. 6088*	0. 3739*	1			
turn	0. 1014*	-0. 1448*	0. 1375*	-0. 1035*	0. 1974*	0. 0439	-0. 4521*	0. 1014*	0. 1353*	0. 1218*	1		
cost	-0. 0064	-0. 2515*	-0. 2760*	-0. 0014	-0. 1507*	-0. 1710*	-0. 3703*	-0. 4587*	-0. 2226*	-0. 7314*	0. 1418*	1	
manage	-0. 1391*	-0. 0871*	-0. 2139*	0. 2465*	-0. 1763*	-0. 0689*	0. 4461*	-0. 0174	0. 0642*	-0. 1071*	-0. 4622*	0. 1033*	1

* 代表在 5%水平上显著相关。

第四节 多元回归分析

一、是否获取补贴与绩效指标回归

表5-12为是否获取补贴分别与12个绩效指标回归结果。其中，代表社会维度的指标有职工人数对数、平均薪酬对数、税收贡献率。职工人数对数、平均薪酬对数分别与是否补贴在0.1%、5%水平上显著，说明发放补贴的公司比没有补贴的公司雇佣更多的员工，和拥有更高的平均薪酬水平。这两个系数符号均与假设相吻合。税收贡献率与是否补贴在0.1%水平上显著，可能是由于补贴形式是减少税负。代表财务维度的指标回归结果不显著，说明是否发放财政补贴对企业的财务水平基本没有影响。从内部经营流程维度来看，管理费用率和是否获得财政补贴在5%水平上显著负相关。说明企业收到财政补贴后会激发管理者，提高企业管理效率，从而降低管理费用率。总资产周转率在5%水平上显著正相关，同样的原因，收到补贴的公司资金使用效率更高。

表 5-12　是否获取补贴分别与 12 个绩效指标回归

（自变量：subsidyyn）

变量	模型 5-1	模型 5-2	模型 5-3	模型 5-4	模型 5-5	模型 5-6	模型 5-7	模型 5-8	模型 5-9	模型 5-10	模型 5-11	模型 5-12
	lnemplyee	lnavesalary	tax	ebit	roa	zwcb	manage	turn	cost	intangiable	growth	renew
subsidyyn	0.248*** (3.41)	0.0978* (1.99)	-0.0227*** (-4.37)	-0.0791 (-0.38)	0.00388 (0.01)	-0.00287 (-0.30)	-0.941* (-2.22)	0.0989* (2.46)	0.579 (1.07)	0.547 (1.63)	1.711 (0.82)	0.171 (1.08)
debt	-0.00322** (-2.86)	-0.00177* (-2.33)	-0.000421*** (-5.24)	-0.0546*** (-17.09)	-0.127*** (-20.57)	-0.00228*** (-15.23)	-0.004 (-0.61)	0.00176** (2.82)	0.171*** (20.46)	0.0113* (2.18)	0.0297 (0.93)	-0.00510* (-2.07)
property	-0.0173 (-0.46)	-0.013 (-0.52)	0.0105*** (3.98)	0.0181 (0.17)	-0.154 (-0.76)	0.00786 (1.59)	0.450* (2.09)	0.0244 (1.19)	0.207 (0.75)	0.11 (0.64)	-1.267 (-1.20)	-0.0551 (-0.68)
govern	0.0337 (0.88)	-0.0678** (-2.63)	0.00302 (1.11)	-0.0168 (-0.15)	0.101 (0.48)	0.000999 (0.2)	-0.159 (-0.72)	-0.0114 (-0.54)	0.0595 (0.21)	0.587*** (3.33)	1.863 (1.71)	0.15 (1.8)
size	0.693*** (36.6)	0.145*** (11.37)	-0.00495*** (-3.67)	0.101 (1.88)	1.211*** (11.67)	0.00746** (2.96)	-1.839*** (-16.71)	0.0258* (2.46)	-2.160*** (-15.41)	-0.752*** (-8.60)	3.518*** (6.52)	0.482*** (11.66)
年度	控制	控制	控制	控制	控制	控制	控制	控制	控制	控制	控制	控制
行业	控制	控制	控制	控制	控制	控制	控制	控制	控制	控制	控制	控制
_cons	-7.797*** (-18.88)	8.120*** (29.17)	0.244*** (8.29)	4.079*** (3.48)	-15.64*** (-6.91)	0.101 (1.84)	50.36*** (20.99)	-0.189 (-0.83)	134.0*** (43.86)	20.04*** (10.51)	-69.25*** (-5.89)	-8.545*** (-9.49)
N	1962	1962	1962	1962	1962	1962	1962	1962	1962	1962	1962	1962
adj. R^2	0.497	0.18	0.171	0.167	0.235	0.133	0.228	0.18	0.294	0.094	0.121	0.081
F	108.7	24.98	23.52	22.91	34.56	17.74	33.15	24.98	46.32	12.35	15.99	10.55

t statistics in parentheses; * $p < 0.05$, ** $p < 0.01$, *** $p < 0.001$。

二、财政补贴金额与绩效指标的回归

表 5-13 是财政补贴金额分别与各个财政补贴绩效指标的回归结果，用来阐释大规模补贴是否能对社会产生积极的经济效益。其中从社会维度来看，员工人数对数和财政补贴规模在 0.1%水平上显著相关。系数符号符合预期。说明企业雇佣员工数和财政补贴规模成正比，财政补贴能够带来积极的社会经济效益。员工平均薪酬对数和财政补贴规模的回归在 1%水平上显著，一样说明了财政补贴的积极作用，能够提高居民的整体福利水平。税收贡献率和财政补贴规模在 0.1%水平上显著负相关，说明财政补贴可能是以减少税收的方式实现的。代表财务维度的指标回归结果不显著，说明发放财政补贴多少对企业财务水平基本没有影响。在内部经营流程维度的变量中，总资产周转率和补贴规模在 5%水平上正相关，表明给予更多财政补贴的公司资金使用效率高，通过激发管理者，提高其资产管理能力。从学习成长维度角度来看，无形资产比率和补贴规模在 5%水平上显著正相关，也就是说，财政补贴金额越大，企业技术含量越高。大规模的财政补贴能提升企业整体技术能力。所以，基于平衡计分卡的原理，结合营利性组织财政补贴绩效评估体系，不难找到证据支持我们的假设，证明财政补贴会带来积极的社会经济效益。

三、因子分析

（一）因子分析适应性检验

因子分析并不是适用于所有的截面数据。使用因子分析的前提条件是原始数据各个变量之间应有较强的线性相关关系。如果各个变量之间的线性相关程度很小，这时进行因子分析没有实际意义。所以，在做因子分析之前，需要对其适应性进行检验。本书采用 KMO 检验和 Bartlett 检验来检验这十二个绩效指标的线性相关程度。通常，检验 KMO 值大于 60%、Bartlett 检验样本显著时适合做因子分析。表 5-14 和表 5-15 显示，全部样本中 KMO 值为 0.641，Sig. 值为 0.000 小于 0.0001，所以样本适宜做因子分析。

表 5-13　补贴金额分别与 12 个绩效指标回归

（自变量：lnsubsidy）

变量	模型 5-1	模型 5-2	模型 5-3	模型 5-4	模型 5-5	模型 5-6	模型 5-7	模型 5-8	模型 5-9	模型 5-10	模型 5-11	模型 5-12
	lnemplyee	lnavesalary	tax	ebit	roa	zwcb	manage	turn	cost	intangiable	growth	renew
lnsubsidy	0.0216***	0.00849**	-0.00128***	-0.000912	0.0229	-0.00014	-0.011	0.00498*	0.0604	0.0501*	0.0732	0.0135
	(4.74)	(2.76)	(-3.92)	(-0.07)	(0.92)	(-0.23)	(-0.41)	(1.98)	(1.79)	(2.38)	(0.56)	(1.36)
debt	-0.00313**	-0.00173*	-0.000420***	-0.0546***	-0.127***	-0.00228***	-0.0034	0.00174**	0.171***	0.0116*	0.0293	-0.00505*
	(-2.79)	(-2.28)	(-5.22)	(-17.07)	(-20.52)	(-15.23)	(-0.52)	(2.8)	(20.51)	(2.22)	(0.91)	(-2.06)
property	-0.0144	-0.0119	0.0105***	0.0192	-0.146	0.00786	0.464*	0.0243	0.217	0.117	-1.273	-0.0536
	(-0.39)	(-0.48)	(3.97)	(0.18)	(-0.72)	(1.59)	(2.15)	(1.18)	(0.79)	(0.68)	(-1.20)	(-0.66)
govern	0.0335	-0.0678**	0.00294	-0.0175	0.0978	0.000986	-0.169	-0.0109	0.0576	0.586***	1.872	0.15
	(0.88)	(-2.64)	(1.08)	(-0.16)	(0.47)	(0.19)	(-0.76)	(-0.52)	(0.2)	(3.33)	(1.72)	(1.8)
size	0.675***	0.138***	-0.00431**	0.0983	1.179***	0.00751**	-1.871***	0.0238*	-2.215***	-0.794***	3.502***	0.471***
	(34.49)	(10.44)	(-3.08)	(1.76)	(10.96)	(2.88)	(-16.37)	(2.19)	(-15.25)	(-8.77)	(6.26)	(11)
年度	控制	控制	控制	控制	控制	控制	控制	控制	控制	控制	控制	控制
行业	控制	控制	控制	控制	控制	控制	控制	控制	控制	控制	控制	控制
_cons	-7.504***	8.236***	0.227***	4.074***	-15.30***	0.0991	50.31***	-0.126	134.8***	20.72***	-68.35***	-8.363***
	(-17.98)	(29.22)	(7.62)	(3.43)	(-6.67)	(1.78)	(20.67)	(-0.55)	(43.57)	(10.74)	(-5.74)	(-9.16)
N	1962	1962	1962	1962	1962	1962	1962	1962	1962	1962	1962	1962
adj. R^2	0.5	0.182	0.17	0.167	0.236	0.133	0.226	0.179	0.295	0.096	0.121	0.081
F	109.9	25.23	23.27	22.9	34.62	17.74	32.8	24.83	46.49	12.54	15.97	10.59

t statistics in parentheses；* $p<0.05$，** $p<0.01$，*** $p<0.001$。

表 5-14 KMO 检验

variable	KMO
renew	0.5581
growth	0.8517
intangiable	0.6763
lnemplyee	0.5577
lnavesalary	0.5587
tax	0.6994
ebit	0.7010
zwcb	0.5084
roa	0.6502
turn	0.5447
cost	0.6686
manage	0.6190
overall	0.6409

表 5-15 Bartlett test of sphericity

chi-square	6188.693
degrees of freedom	66
p-value	0.000

(二) 提取公因子

以主成分方法作为因子提取方法，因子提取标准：特征值≥1，从表 5-16 中发现前 4 个公共因子的特征值满足条件。

表 5-16 主成分因子分析

factor	eigenvalue	difference	proportion	cumulative
factor1	2.73401	0.58762	0.2278	0.2278
factor2	2.14639	0.85869	0.1789	0.4067
factor3	1.28769	0.08311	0.1073	0.514

续表

factor	eigenvalue	difference	proportion	cumulative
factor4	1. 20459	0. 22727	0. 1004	0. 6144
factor5	0. 97732	0. 12344	0. 0814	0. 6958
factor6	0. 85387	0. 12345	0. 0712	0. 767
factor7	0. 73043	0. 09621	0. 0609	0. 8279
factor8	0. 63421	0. 076	0. 0529	0. 8807
factor9	0. 55821	0. 17552	0. 0465	0. 9272
factor10	0. 3827	0. 07465	0. 0319	0. 9591
factor11	0. 30805	0. 1255	0. 0257	0. 9848
factor12	0. 18254	—	0. 0152	1

表 5-17　主成分矩阵的相关性

variable	factor1	factor2	factor3	factor4	uniqueness
renew	0. 2747	0. 0002	0. 0162	-0. 7068	0. 4246
growth	0. 4437	-0. 2636	0. 0269	-0. 3338	0. 6215
intangiable	0. 0202	0. 4233	0. 3063	0. 14	0. 707
lnemplyee	0. 2193	-0. 2561	0. 7394	-0. 0256	0. 3389
lnavesalary	0. 2258	-0. 0965	-0. 7904	0. 031	0. 314
tax	0. 3534	0. 7524	-0. 0395	0. 1168	0. 2937
ebit	0. 6978	0. 0063	-0. 0024	0. 0342	0. 5119
zwcb	0. 4054	-0. 0086	-0. 0825	0. 6276	0. 4348
roa	0. 9173	-0. 0469	-0. 0136	0. 0696	0. 1513
turn	0. 0704	-0. 7769	0. 1021	0. 3621	0. 2499
cost	-0. 8478	-0. 1343	0. 0219	0. 1481	0. 2407
manage	-0. 1183	0. 7849	0. 0046	0. 1763	0. 3388

从表 5-17 可以看出，公共因子 F1 在利息保障倍数、总资产报酬率、主营业务成本率指标上的因子载荷值最大。其中，前两项反映企业盈利能力和偿债能力，最后一项反映企业主营业务效率，该比例高则主营业务收入的盈利贡献就低，也是反映盈利的指标。所以，公共因子 F1 可称为财务因子。公共因子 F1 的方差贡献率为 37. 08%。

公共因子 F2 在管理费用率、总资产周转率、税收贡献率指标上的因子载荷值最大。其中，前两项都属于内部经营流程维度，最后一项属于社会维度，是纳税人缴纳的税款与其占用的资产总额的比例关系，也反映企业的内部经营流程。所以，公共因子 F2 可称为内部经营流程因子。公共因子 F2 的方差贡献率为 29.12%。

公共因子 F3 在员工人数对数、平均薪酬对数指标上的因子载荷值最大。这两项都属于社会维度，所以公共因子 F3 可称为社会因子。公共因子 F3 的方差贡献率为 17.46%。

公共因子 F4 在资产更新率、债务成本这两个指标上的因子载荷值最大。资产更新率属于学习与成长维度，债务成本是企业获取资金的能力。当债务成本低、企业融资容易时，企业会投入更多资金在研发等方面，也就可能提高资产更新率。所以，公共因子 F4 可称为学习成长因子。公共因子 F4 的方差贡献率为 16.34%。

（三）因子分析结果

表 5-18 是财政补贴金额的对数分别和四个主因子回归的结果，表 6-19 为是否获得财政补贴和四个主因子的回归结果，在这两个表中，四个因子都在不同显著性水平上和补贴显著相关。说明是否补贴、补贴金额对每个公共因子都有影响，对社会经济效益的各个方面都有积极作用。可以发现，在前面单独回归中，显著的指标不多，而财政补贴与各个因子的回归均显著。这可能是因为各个绩效指标之间相关性较大，有相互作用。由此我们可以得到提取的这四个主因子代表了公司财政补贴的绩效，而且与财政补贴金额具有显著的相关性。

表 5-18　财政补贴金额分别和主因子回归结果

（自变量：lnsubsidy）

变量	F1	F2	F3	F4
lnsubsidy	0.0239*** (4.65)	-0.0351*** (-7.13)	0.0177*** (3.5)	-0.0186*** (-3.54)
年度	控制	控制	控制	控制

续表

变量	F1	F2	F3	F4
行业	控制	控制	控制	控制
_cons	-0.425** (-3.12)	0.842*** (6.45)	-0.373** (-2.78)	0.283* (2.03)
N	1962	1962	1962	1962
adj. R^2	0.098	0.172	0.124	0.054
F	16.18	30.03	20.76	8.939

t statistics in parentheses； * p<0.05， ** p<0.01， *** p<0.001。

表 5-19 是否获得财政补贴和主因子回归结果（自变量：subsidyyn）

变量	F1	F2	F3	F4
subsidyyn	0.248** (2.9)	-0.501*** (-6.11)	0.186* (2.21)	-0.206* (-2.36)
年度	控制	控制	控制	控制
行业	控制	控制	控制	控制
_cons	-0.298* (-2.15)	0.787*** (5.93)	-0.281* (-2.06)	0.197 (1.39)
N	1962	1962	1962	1962
adj. R^2	0.092	0.166	0.120	0.050
F	15.14	28.89	20.17	8.413

t statistics in parentheses； * p<0.05， ** p<0.01， *** p<0.001。

第六章 06

营利性组织财政补贴倾向性与财政补贴绩效的关联度分析

第一节

不同产权性质企业财政补贴的绩效差异

用配对样本的 t 检验方法，检验不同产权性质财政补贴绩效表现是否有差异。此时的样本都是获得财政补贴的公司。

表 6-1　不同产权性质财政补贴绩效 t 检验

变量	总体均值	property=0 均值	property=1 均值	diff 均值	diff t 值
lnemplyee	7.826	7.78	7.857	-0.077	-1.479
lnavesalary	11.245	11.252	11.24	0.012	0.43
tax	0.079	0.073	0.084	-0.011	-3.747
ebit	3.023	2.967	3.061	-0.095	-0.808
roa	3.978	3.95	3.995	-0.046	-0.197
zwcb	0.139	0.133	0.142	-0.009	-1.673
manage	7.537	7.488	7.569	-0.081	-0.334
turn	0.795	0.777	0.807	-0.030	-1.314
cost	95.638	95.638	95.603	0.088	0.27
intangiable	4.779	4.682	4.844	-0.162	-0.896
growth	15.835	15.94	15.764	0.176	0.153
renew	2.277	2.281	2.274	0.007	0.079

表 6-1 对不同产权性质企业财政补贴绩效指标进行比较。从表 6-1 中可以看出，只有税收贡献率指标在不同产权性质企业中存在显著差异，其余指标均无显著差异。说明在获得财政补贴的公司中，不同产权性质基本不会造成财政补贴绩效表现差异。

第二节

不同规模企业财政补贴的绩效差异

一、t 检验结果

表 6-2 用来检验不同规模企业财政补贴绩效是否有差异。Size = 1 代表大规模企业，Size = 2 代表小规模企业。从 t 值可以看出，职工人数指标、平均薪酬指标、总资产报酬率、管理费用率、成长性、资产更新率都显著，说明这几个指标代表的补贴绩效在不同规模企业中有差异，且大规模企业的财政补贴绩效明显优于小规模企业。另外，无形资产比率也显著，t 值显示，小规模企业的这两个财政补贴绩效指标明显好于大规模企业。可能是小规模企业更重视技术创新能力培养的结果，而且可能是小规模企业得到补贴后能更快获得成效。

表 6-2　不同规模企业财政补贴绩效 t 检验

变量	总体均值	size = 1 均值	size = 2 均值	diff	
				均值	t 值
lnemplyee	7.826	8.341	7.269	1.072	23.899
lnavesalary	11.245	11.374	11.106	0.268	9.976
tax	0.079	0.077	0.082	−0.005	−1.798
ebit	3.023	2.986	3.064	−0.077	−0.675
roa	3.978	4.693	3.205	1.487	6.514
zwcb	0.139	0.140	0.137	0.003	0.621
manage	7.537	6.023	9.174	−3.151	−13.989
turn	0.795	0.816	0.773	0.042	1.879
cost	95.638	94.322	97.061	−2.739	−8.697
intangiable	4.779	4.308	5.288	−0.979	−5.562

续表

变量	总体均值	size=1 均值	size=2 均值	diff	
				均值	t 值
growth	15.835	19.552	11.815	7.737	6.956
renew	2.277	2.696	1.824	0.873	10.629

二、规模和绩效的回归分析

表 6-3 是获得补贴的公司的规模和绩效的回归结果。从回归结果可以看出，所有十二个评价财政补贴绩效的指标均与企业规模在不同显著性水平上显著相关。从系数符号可以看出，大部分指标显著为正，说明大规模企业在获得补贴后会带来更好的社会经济效益。还有少数几个指标系数符号为负的原因之前已经论述。对于无形资产比率，可能主要是小规模企业更重视技术创新能力的培养的结果，小规模的研发投入效果比大规模效果更明显，所以系数为负。企业规模越大管理效率越高。主营业务成本率反映主营业务的效率，值越低说明效率越高。税收贡献率显著为负可能是政府对大规模企业以减少税负的形式给予的财政补贴更多。

第三节 不同行业企业财政补贴的绩效差异

一、不同行业回归补贴金额和补贴绩效

表 6-4 是分行业回归补贴金额和补贴绩效的结果，回归结果显示，除了电力、煤气及水的生产和供应业与交通运输业两个行业外，其余行业均有至少 5 个绩效指标在与补贴金额的回归中显著。说明大部分行业的企业在获得财政补贴后都能带来积极的社会经济效益。

表 6-3　已获取补贴的公司的规模和绩效回归

（自变量：size）

变量	lnemplyee	lnavesalary	tax	ebit	roa	zwcb	manage	turn	cost	intangiable	growth	renew
size	0. 691 ***	0. 143 ***	−0. 004 **	0. 130 *	1. 271 ***	0. 009 ***	−1. 794 ***	0. 024 *	−2. 178 ***	−0. 762 ***	3. 566 ***	0. 489 ***
	(36. 1)	(10. 92)	(−3. 10)	(2. 38)	(12. 08)	(3. 37)	(−16. 26)	(2. 25)	(−15. 34)	(8. 67)	(6. 49)	(11. 57)
govern	0. 0552	0. 069 **	0. 0006	−0. 041	0. 035	0. 0054	−0. 326	0. 004	0. 267	0. 554 **	2. 210 *	0. 161
	(1. 41)	(−2. 60)	(0. 23)	(−0. 36)	(0. 16)	(1. 03)	(−1. 45)	(0. 2)	(0. 92)	(3. 08)	(1. 97)	(1. 86)
debt	−0. 002	−0. 002 *	−0. 0004 ***	−0. 054 ***	−0. 131 ***	−0. 002 ***	−0. 005	0. 002 **	0. 177 ***	0. 016 **	0. 024	−0. 008 **
	(−1. 96)	(−2. 17)	(−5. 18)	(−16. 15)	(−20. 25)	(−14. 71)	(−0. 72)	(3. 15)	(20. 25)	(2. 94)	(0. 71)	(−3. 13)
property	0. 008	−0. 024	0. 009 ***	0. 0395	−0. 199	0. 0068	0. 247	0. 0383	0. 29	0. 152	−0. 928	−0. 078
	(0. 2)	(−0. 91)	(3. 35)	(0. 36)	(−0. 95)	(1. 35)	(1. 13)	(1. 8)	(1. 03)	(0. 87)	(−0. 85)	(−0. 92)
年度	控制	控制	控制	控制	控制	控制	控制	控制	控制	控制	控制	控制
行业	控制	控制	控制	控制	控制	控制	控制	控制	控制	控制	控制	控制
_cons	−7. 551 ***	8. 263 ***	0. 207 ***	3. 397 **	−16. 59 ***	0. 072	48. 61 ***	−0. 085	134. 2 ***	20. 72 ***	−68. 18 ***	−8. 366 ***
	(−17. 84)	(28. 62)	(6. 85)	(2. 81)	(−7. 13)	(1. 27)	(19. 93)	(−0. 36)	(42. 78)	(10. 65)	(−5. 62)	(−8. 94)
N	1817	1817	1817	1817	1817	1817	1817	1817	1817	1817	1817	1817
adj. R^2	0. 489	0. 177	0. 143	0. 164	0. 235	0. 138	0. 202	0. 168	0. 282	0. 096	0. 126	0. 079
F	103. 3	23. 97	18. 84	21. 95	33. 89	18. 03	28. 08	22. 62	42. 91	12. 36	16. 37	10. 18

t statistics in parentheses；* p<0. 05，** p<0. 01，*** p<0. 001。

表 6-4 不同行业的补贴金额与绩效变量的回归结果

（自变量：lnsubsidy）

变量	A	B	C	D	E	F	G	H	K	L	M
lnemplyee	-0.054	-0.017	0.052***	0.006	0.035	0.158*	0.28**	0.124*	-0.042	-0.342	0.064
	(-1.28)	(-0.22)	(3.63)	(0.23)	(0.26)	(2.01)	(2.68)	(2.09)	(-0.86)	—	(0.94)
R^2	0.832	0.756	0.502	0.435	0.609	0.436	0.618	0.435	0.608	1.000	0.264
lnavesalary	0.113*	-0.076	0.04***	0.026	-0.233***	-0.042	0.074	-0.083***	0.104**	0.406	0.004
	(2.25)	(-1.12)	(12.9)	(1.35)	(-4.1)	(-1.95)	(1.82)	(-3.54)	(2.93)	—	(0.09)
R^2	0.503	0.342	0.128	0.123	0.648	0.159	0.186	0.158	0.374	1.000	0.262
tax	-0.018*	-0.005	0.004***	-0.01***	0.015***	-0.008	0.002	-0.003	-0.008**	-0.009	-0.004
	(-2.18)	(-1.56)	(14.88)	(-6.21)	(5.62)	(-1.26)	(0.45)	(-1.19)	(-2.63)	—	(-1.35)
R^2	0.513	0.248	0.065	0.221	0.635	0.197	0.105	0.209	0.352	1.000	0.147
ebit	0.320	-0.59**	0.162***	-0.032	0.125	-0.136	-0.321	-0.253**	-0.201	2.069	-0.561***
	(0.79)	(-3.2)	(5.14)	(-0.31)	(0.33)	(-1.02)	(-1.02)	(-3.01)	(-0.68)	—	(-3.5)
R^2	0.472	0.329	0.177	0.224	0.416	0.187	0.107	0.223	0.251	1.000	0.411
roa	1.297	-1.278***	0.496***	-0.294	0.544*	-0.250	0.798**	0.174	-0.902***	1.261	-0.893***
	(1.93)	(-3.85)	(11.39)	(-1.36)	(1.98)	(-1.14)	(2.78)	(1.05)	(-3.95)	—	(-6.09)
R^2	0.337	0.463	0.265	0.227	0.506	0.409	0.170	0.152	0.563	1.000	0.621
zwcb	0.027***	-0.012**	0.001	-0.001	-0.008	-0.003	0.028**	0.012	0.002	-0.140	0.018***
	(3.94)	(-3.16)	(0.77)	(-0.46)	(-0.39)	(-0.28)	(2.58)	(1.34)	(0.57)	—	(5.41)
R^2	0.498	0.485	0.115	0.265	0.328	0.500	0.115	0.085	0.357	1.000	0.484
manage	0.228	0.093	0.481***	-0.016	0.155	0.195	1.709***	-0.068	-1.035***	5.202	0.465*
	(0.37)	(0.56)	(19.82)	(-0.2)	(1.11)	(0.99)	(7.4)	(-0.44)	(-5.00)	—	(2.14)

续表

变量	A	B	C	D	E	F	G	H	K	L	M
R^2	0.538	0.396	0.173	0.210	0.625	0.223	0.371	0.170	0.546	1.000	0.206
turn	-0.014	-0.058**	-0.013*	-0.003	-0.001	0.024	-0.048	0.022	-0.015	-0.080	0.020
	(-1.13)	(-2.59)	(-2.5)	(-0.14)	(-0.04)	(0.95)	(-0.83)	(0.7)	(-0.8)	—	(1.32)
R^2	0.781	0.500	0.028	0.363	0.819	0.198	0.117	0.299	0.186	1.000	0.247
cost	-1.531*	1.376***	-0.165	1.523***	-1.186**	0.386	1.057*	0.43	2.197***	0.991	1.248***
	(-2.21)	(5.33)	(-1.36)	(3.38)	(-2.94)	(1.15)	(2.29)	(1.29)	(4.82)	—	(3.9)
R^2	0.625	0.353	0.291	0.256	0.637	0.351	0.234	0.205	0.644	1.000	0.431
intangiable	-0.566	-0.267	0.266***	-0.070	1.03	-0.125	0.204	-0.347*	-0.181	4.381	0.451
	(-0.92)	(-1.92)	(4.05)	(-0.24)	(1.52)	(-0.31)	(1.06)	(-2.13)	(-1.57)	—	(1.54)
R^2	0.594	0.235	0.091	0.217	0.651	0.025	0.135	0.084	0.264	1.000	0.166
renew	0.140*	-0.29*	0.087**	-0.14	0.335*	-0.008	0.089	0.027	-0.058	-0.059	-0.165**
	(2.09)	(-2.11)	(2.95)	(-1.48)	(2.3)	(-0.11)	(0.43)	(0.34)	(-0.3)	—	(-3.21)
R^2	0.898	0.528	0.095	0.091	0.413	0.118	0.143	0.080	0.418	1.000	0.264
growth	-4.511	-5.734***	0.944***	-0.234	2.311	-1.400	-3.171	-3.553**	-2.545	-4.908	-0.475
	(-1.08)	(-3.69)	(4.04)	(-0.21)	(0.36)	(-0.75)	(-1.61)	(-2.8)	(-1.51)	—	(-0.23)
R^2	0.315	0.421	0.164	0.087	0.334	0.144	0.198	0.184	0.345	1.000	0.205
N	29	65	1167	111	26	72	81	139	48	3	76

t statistics in parentheses； * $p<0.05$， ** $p<0.01$， *** $p<0.00$。

二、各行业因子得分排序

表6-5是按行业计算因子得分再排序的结果。根据表5-16中proportion每个因子的方差贡献率，综合得分为：

$$P = 22.78\%/66.14\% \times F1 + 17.89\%/66.14\% \times F2 + 10.73\%/66.14\% \times F3 + 10.04\%/66.14\% \times F4$$

传播与文化产业样本量过少，没有代表性，所以没有放入因子得分的排序中。

综合得分排名第一的是采掘业。它的财务因子、社会因子和内部流程因子都排第一名，而且其学习成长因子排第四名，说明采掘业收到财政补贴后能整体提高社会经济效益。

综合得分排名第二的是社会服务业，表现较好的是社会因子、学习成长因子和内部经营流程因子，财务因子排名中等，说明对社会服务业进行财政补贴能提高企业内部的经营和企业成长，对社会以及长远发展的贡献还有待提升。

综合得分排名第三的是交通运输业，学习和成长因子以及社会因子得分不高，可以看出在交通运输业得到财政补贴后，有助于提高其内部经营流程和财务水平。

综合得分排名第四的是综合类，看出综合类企业整体有待提高。其中三个因子都排第四、第五名，表现一般，主要是财务因子维度只排第九。

综合得分排名第五的是信息技术业，这个行业收到财政补贴后企业都有很高的学习成长能力。其他各方面表现一般。

综合得分排名第六的是制造业。其中社会因子得分排名第二，说明对制造业补贴能够最终带来较好的社会贡献。

综合得分排名第七和第八的是农、林、牧、渔业以及电力、煤气及水的生产和供应业。这两个行业没有得到补贴后表现突出的因子，说明其整体水平都有待提升。

综合得分排名第九的是批发和零售贸易。它排名靠后的原因主要是得到财政补贴后内部经营流程表现不好，社会贡献少。但是其学习成长能力排名第一。

综合得分排名第十的是建筑业。说明建筑业企业获得补贴后没有带来很好的社会经济效益。

表 6-5 各行业因子得分排序

行业	综合得分	综合得分	F1得分	排名	F2得分	排名	F3得分	排名	F4得分	排名
采掘业	0.68	1	1.02	1	0.57	1	0.67	1	0.10	4
社会服务业	0.40	2	-0.02	5	0.54	2	0.11	3	0.25	3
交通运输业	0.27	3	0.56	2	0.54	2	-0.47	7	-0.10	7
综合类	0.06	4	-0.19	9	0.43	4	-0.03	4	0.06	5
信息技术业	0.01	5	0.04	3	0.04	7	-0.47	7	0.41	1
制造业	-0.04	6	-0.08	6	-0.12	8	0.18	2	-0.04	6
农、林、牧、渔业	-0.07	7	-0.29	10	0.32	6	-0.09	5	-0.22	8
电力、煤气及水的生产和供应业	-0.15	8	-0.14	8	0.39	5	-0.79	9	-0.45	9
批发和零售贸易	-0.20	9	0.02	4	-0.73	10	-0.36	6	0.41	1
建筑业	-0.39	10	-0.11	7	-0.43	9	-0.88	10	-0.46	10

第四节

不同盈亏状况企业财政补贴的绩效差异

表 6-6 用配对样本的 T 检验方法，检验不同盈亏状况企业财政补贴绩效是否有差异。earnyn = 0 代表亏损企业，earnyn = 1 代表盈利企业。从 t 值可以看出，职工人数指标，平均薪酬指标，总资产报酬率，管理费用率，成长性、资产更新率等所有指标都显著，说明补贴绩效在不同盈亏状况企业中有显著差异。其中，大部分指标差额的均值显著为负，说明盈利企业

的补贴绩效优于亏损企业。管理费用率和主营业务成本率都是越低越好，所以系数为正，但表达的含义依然是盈利企业的补贴绩效较优。无形资产率是企业的技术含量的体现，可能是当企业过于重视技术开发时忽略了企业的盈亏，导致亏损企业无形资产比率更高。

表 6-6　不同盈亏状况企业财政补贴绩效 t 检验

变量	总体均值	earnyn = 0 均值	earnyn = 1 均值	diff	
				均值	t 值
lnemplyee	7.826	7.471	7.877	-0.406	-5.268
lnavesalary	11.245	11.074	11.270	-0.196	-4.720
tax	0.079	0.072	0.080	-0.009	-2.027
ebit	3.023	0.755	3.347	-2.592	-15.943
roa	3.978	-3.985	5.115	-9.099	-32.960
zwcb	0.139	0.101	0.144	-0.043	-5.415
manage	7.537	10.424	7.125	3.299	9.433
turn	0.795	0.662	0.814	-0.152	-4.480
cost	95.638	105.419	94.242	11.177	27.348
intangiable	4.779	5.493	4.677	0.816	3.051
growth	2.277	1.392	2.403	-1.012	-8.054
renew	0.079	0.072	0.080	-0.009	-2.027

第七章 07

营利性组织财政补贴绩效评价应用示例

第一节

A公司基本情况与重污染行业补贴目的

本章以A公司为例，说明营利性组织财政补贴绩效评价指标体系如何应用于重污染行业财政补贴绩效评价。

一、A公司的基本情况

A公司成立于20世纪80年代，是一家A股上市的国有控股公司，属于重污染类的发电企业。截至2018年6月底，公司股本总额接近200亿股，公司总资产超过2000亿元，净资产将近300亿元。A公司目前拥有直属及控股企业、参股企业超过80家，在全国24个省、市、自治区有子公司分布，近年来一直致力于新能源发展的推进和技术创新，注重产业结构的调整，已形成了突出发电业务，煤炭、煤化工、多晶硅、铁路、金融等相关产业多元发展的模式。

二、国家对重污染行业实施财政补贴的必要性

我国经济发展取得了世人瞩目的成绩，但粗放式的发展模式也带来了严重的经济后果，环境恶化、资源浪费等都是典型的表现。各种环境事故也时有发生，如紫金山铜矿“7.3”有毒铜酸水渗漏事故、大连新港原油泄漏事故、天津瑞海公司仓库爆炸事件等，引发了社会各界对环境保护、安全生产方面的高度关注，包括政府部门出台的一系列政策和措施。全国于2014年开始报告PM2.5，2015年政府颁布实施新的《环境保护法》，加强了对环境违法行为的惩处力度，获称“史上最严的环保法”。

虽然重污染行业是经济发展的受益者，享受高污染生产带来的好处，理应对环境治理承担全部责任，但是在我国，为了激励重污染行业中的企

业积极承担社会责任，政府在通过法律法规、产品标准对重污染行业进行管制以外，也通过财政补贴提升重污染行业污染治理的积极性，减轻重污染行业的经济负担。

重污染行业财政补贴的必要性可以通过以下几方面解释：

1. 解决重污染企业污染防治动力不足问题

之所以重污染行业的行为及其后果需要通过财政补贴来化解，一个很重要的原因在于通过污染环境的生产行为所产生的收益全部由污染企业取得，而其环境污染所带来的损失则全部由社会承担，因此重污染行业缺乏内在动力主动消除污染因素，减少污染损害。政府通过对节能减排、环保治理、转型升级、技术改造、拆迁补偿等情况的财政补贴，实施“胡萝卜+大棒”的策略，有助于改变重污染企业的成本收益曲线。

2. 重污染行业大多数是国民经济的主要产业部门，不完全适应“关、停、并、转”的产业政策

重污染行业诸如发电、制药、化工、造纸等许多行业，是国民经济重要的支柱产业和基础性产业，对经济发展起到非常重要的作用。因此，企业一方面要发展，另一方面需要解决污染问题，需要政府出手支援。

3. 重污染行业大多是资金密集型产业，设备回收期长，资金压力大

重污染行业属于资金密集型产业，固定资产投资规模大，设备使用周期长。为治理污染，减少排放，势必对已经投入的固定资产进行升级改造或更新，所需要的资金投入难以依靠企业单方面能够解决。

4. 激励引导重污染企业向清洁生产领域转型

以能源类企业为例，政府一方面通过财政补贴引导企业增加环保投资，减少污染物的排放，降低生产过程中对于环境的污染影响。另一方面，通过财政补贴方式引导企业向清洁能源生产和使用转型，通过“三去一补一降”的方式逐步淘汰落后产能，摒弃重污染产品的供应。

三、A 公司所属行业特点与财政补贴作用机理

许多文献的研究成果说明对重污染行业实施补贴，引导向清洁能源生

产是有必要的。新能源产业作为一种迅速崛起的新兴产业，在发展过程中，市场失灵、技术外溢、后来者劣势等一些因素表明我国政府势必要发挥作用（董书礼，2015）。新能源的突出问题是，大多存在能源密度低，资源不集中，在较短的时间里还赶不上传统能源，但从长期效果来看，则有利于控制不可再生资源消耗、保护环境、降低成本等利国利民的优势。因此，对新能源的开发利用，应该在技术、成本、管理等多因素付出更大的努力（闰强、王安建，2015）。政府应当建立一系列激励机制如税收优惠、财政补贴等来激励和引导企业加大研发投入，促进技术进步、降低环境成本，这样才能够调动起企业实现低碳经济的积极性（李旸，2013）。

现阶段世界能源产业的格局是发展新能源，我国在新能源方面具有一些优势和潜力，要利用好这些优势，根据我国不同区域的不用特点形成区域性新能源产业园区，调动企业参与新能源生产及消费的积极性。不断降低成本，规模性使用新能源，逐渐淘汰传统能源，促使我国整体能源生产及消费格局的转变，完成能源结构的根本性改变，进而形成国家能源结构战略优势（张国有，2012）。推动使用经济、法律等一系列手段促使各类经济主体都加入新能源的使用和开发中来，进一步完善促进新能源法律体系的建设和新能源市场体制的改革，使新能源在生产和消费两个方面都能实现可持续发展（李旸，2013）。我国目前以产量和销售量为新能源产业补贴的依据有一定的合理性，但发展新能源的最终目的是通过新能源的使用来保护环境，所以促进新能源生产的同时其消费也必须被兼顾到，只有这样我国新能源产业才能健康发展（邢少文，2014）。对清洁能源生产和使用最终需要依赖技术的创新、清洁能源发展机制的建设、清洁能源发电的并网应用等，实现清洁能源生产和消费的低成本。但在能源生产和消耗转型过程中，政府对清洁能源行业实施补贴以减少对传统能源生产的依赖是必须的。

A公司获取补贴情况及其总体影响

一、2011~2015年A公司获取财政补贴情况

表7-1是A公司2011~2015年获取补贴情况。由表7-1可以看出，2011年补助金额3551.5万元，2012年同比提高了86.85%，2013年同比提高了220.26%，2014年同比降低了17.18%，2015年同比提高了23.49%，2011~2015年增加了18184.73万元，2015年比2011年提高了512.03%，总体呈上升趋势。

表7-1 A公司2011~2015年财政补贴金额情况 单位：万元

补贴规模	2011年	2012年	2013年	2014年	2015年
补贴金额	3551.50	6636.20	21253.36	17601.34	21736.23
增减金额	—	3084.70	14617.16	-3652.02	4134.89
增减幅度	—	86.85	220.26	-17.18	23.49
累计补贴金额	3551.50	10187.70	31441.06	49042.40	70778.63

二、财政补贴对A公司的总体影响

（一）促使A公司持续加大对清洁能源的投资

1. A公司2011~2015年投资情况

表7-2是A公司2011~2015年投资情况。由表7-2可以看出，2011~2015年的投资额增减幅度除2014年稍有回落外，其他各年都呈现稳步上升的趋势，这与2014年补贴金额比2013年同比减少的趋势相同。当然从绝对数来看，2014年本身补贴数额与投资额并未显著降低，只是2013年投资额相对于2012年增长快，基数大，其增加幅度也非常突出，由2012年的18.32%提

高到 2013 年 70.23%，由 A 公司补贴情况表可以计算得出 2013 年政府对 A 公司的补助金额比 2012 年补助金额提高了 220.26%。这在一定程度上说明，财政补贴的力度越大，公司对外投资的热情相对越高。

表 7-2　A 公司 2011~2015 年投资情况　　单位：万元

投资规模	2011 年	2012 年	2013 年	2014 年	2015 年
报告期内投资额	1328H.071	1571.369	2674.863	2518.486	2820.524
投资额增减变动数	—	243298	1103.494	-156.377	302038
投资额增减幅度（%）	—	18.32	70.23	-5.86	11.99
累计投资额	1328.071	2899.440	5574.303	8092.789	10913.313

2. 被投资单位情况

被投资单位是指 A 公司收购或者增资的单位。根据 A 公司年报中披露的被投资单位主要经营活动，将被投资单位分为火电和清洁能源发电两类。通过对这两类被投资单位数量的对比，可以判断 A 公司在获取财政补贴后是否更倾向于对清洁能源发电的投资。

2012~2015 年 A 公司投资对象主要经营活动分类情况见表 7-3。

表 7-3　A 公司 2012~2015 年主要投资对象　　单位：家

投资方向	2012 年	2013 年	2014 年	2015 年
被投资单位总数	13	34	36	39
其中：清洁能源发电公司数	5	21	22	23
火力发电公司数	8	13	14	16

由表 7-3 反映的被投资单位情况可以看出，2013 年新增加 21 家被投资单位，其中有 16 家都是利用清洁能源发电的公司，占新增加投资公司的比重约 76.19%。2014 年新增加 2 家被投资单位，清洁能源发电公司为 1 家，占比 50%。清洁能源投资已经成为 A 公司主要的投资领域。

（二）扩张了清洁能源的生产规模

表 7-3 反映了在投资方向选择上，A 公司逐步向清洁能源方向转型，

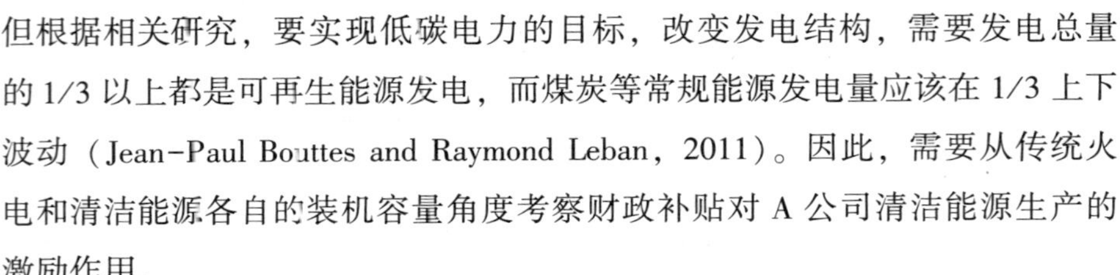

但根据相关研究，要实现低碳电力的目标，改变发电结构，需要发电总量的 1/3 以上都是可再生能源发电，而煤炭等常规能源发电量应该在 1/3 上下波动（Jean-Paul Bouttes and Raymond Leban，2011）。因此，需要从传统火电和清洁能源各自的装机容量角度考察财政补贴对 A 公司清洁能源生产的激励作用。

1. A 公司总发电量情况

装机容量反映了电厂的最大发电能力，表 7-4 反映了 A 公司 2011~2015 年实际发电量情况。由表 7-4 可以看出，A 公司每年的发电规模及上网电量规模均有增长，总体反映全社会对资源的需求量增加以及 A 公司在市场运营方面的能力较强。

表 7-4　A 公司 2011~2015 年实际发电量情况　　单位：亿千瓦时

发电量	2011 年	2012 年	2013 年	2014 年	2015 年
累计完成发电量	604.31	624.84	1284.21	1506.04	1561.21
较上年同期增加	—	20.53	659.37	221.83	55.17
上网电量	561.39	611.05	1211.07	1601.32	1676.28
较上年同期增加	—	49.66	600.02	390.25	74.96

2. A 公司火电与清洁能源发电规模对比

装机容量显示了电厂的发电能力，控股装机容量包括全资电厂装机容量与控股电厂装机容量之和，根据火电和清洁能源发电装机容量的对比，可以初步判断考察期内 A 公司在火电与清洁能源发电能力的增减变动情况。表 7-5 是 A 公司 2012~2015 年的火电与清洁能源发电规模对比情况。

表 7-5　A 公司 2012~2015 年的火电与清洁能源发电规模情况

单位：万千瓦

业务量	2012 年	2013 年	2014 年	2015 年
总发电装机容量	1739.55	2877.07	3224.04	3447.84
火电	1369.40	2104.40	2311.20	2504.20
清洁能源发电	370.15	772.67	912.84	943.64

续表

业务量	2012 年	2013 年	2014 年	2015 年
其中：水电	318.55	635.78	721.26	724.76
风电	51.60	135.89	188.08	208.48
太阳能光伏	0.00	1.00	3.50	10.40
火电占比（%）	78.72	73.14	71.69	72.63
清洁能源发电占比（%）	21.28	26.86	28.31	27.37
其中：水电占比（%）	18.31	22.10	22.37	21.02
风电占比（%）	2.97	4.72	5.83	6.25
光伏占比（%）	0	0.04	0.11	0.3
合计（%）	100	100	100	100

由表 7-5 可以看出，在装机容量的绝对值方面，不管是火电还是清洁能源发电，总的来说均呈上升趋势，其中清洁能源 2015 年发电量为 943.64 万千瓦，大约是 2012 年的 2.5 倍，与全国发电装机容量和全社会用电量增长相吻合；在占比方面，显然公司火力发电仍然是占主导地位，但是也要看到清洁能源发电比重不断增长，根据 A 公司 2012～2015 年的控股装机容量分别计算火电和清洁能源发电的增长率，发现虽然火电的基数大，但是相较于清洁能源发电，其在增长率方面呈现出一种逐年放缓的趋势。

在清洁能源发电中，由于水电发展得比较早，技术也相对成熟，所以在清洁能源发电中占比比较大；风电比较稳定，每年同比增长大约 2 个百分点；光伏发电起步比较晚，所占比例还很小，但是发展趋势比较稳定，前景看好。2013 年，A 公司开始涉足光伏发电，投入运营太阳能项目。已经形成水电、风电、太阳能发电在内的较齐备的清洁能源发电系统。

（三）提升了清洁能源的竞争力

1. 从无形资产价值变化看 A 公司清洁能源竞争力

无形资产为企业竞争注入活力。表 7-6 是 A 公司 2011～2015 年无形资产账面价值。从表 7-6 可以看出，A 公司无形资产逐年增加，尤其到 2015 年，相对于 2014 年更有一个显著性增加。除了拥有专有技术、专利权等无形资产外，公司还拥有广阔的海域使用权，账面价值为3124万元，便于公司发展潮汐能发电、波浪能、海流能、海水温差能、海水盐差能以及海上风力发电等清洁能源发电项目。

表7-6　A公司2011~2015无形资产金额表　　单位：万元

竞争力指标	2011年	2012年	2013年	2014年	2015年
无形资产金额	42678.6	55435.9	95663.6	116735.7	186175.3

2. 从技术创新看A公司清洁能源的竞争优势

技术创新对一个产业的持续增长有深远的影响。技术水平的提高对新能源产业的作用主要表现在如下几个方面：首先，利用新技术产出新的产品，满足快速提升的市场需求；其次，技术进步降低了经济个体的生产成本，提升了产品质量，提高了再生能源产品的市场竞争力，同时也推动着整个行业的转型和升级；最后，技术创新带来了实际经济效益，会吸引场外资金积极入场，进而推动整个可再生能源行业技术的进步。

A公司旗下共有高科技公司5家，主营业务涵盖了环保、机组改造、电力设备、网络集成、软件开发等方面。公司所用技术均为自行开发或独家引进，其中有专利技术28项，专有技术68项。一些技术居于全国甚至是世界领先地位，据不完全统计，技术及专利如表7-7所示。

表7-7　A公司技术情况汇总表

技术名称及情况	是否专利
"湿法脱硫技术"	专有技术
"一种单活塞三腔气动复位式制动器"	是
"三通压力校验装置"	是
"膜生物反应器前置预处理"	是
"脱硫废水中和处理"	是
"氢氟酸与硝酸混合废水脱氮除氟处理"	是
"去除锅炉原水中硅化合物的组合"	是
"海水淡化处理"	是

续表

技术名称及情况	是否专利
对氯碱化工及相关产品、工艺进行研制、开发	专有技术
“大型密闭电石炉尾气净化提纯一氧化碳”	专有技术
风电场数字化生产集中管控系统	专有技术

（四）提高了清洁能源收入占比

虽然由于正外部性的存在使得清洁能源的成长初期必须依靠政府的扶持和引导，但是对清洁能源的发展应用不能一直依靠政府的财政补贴，要使其逐步适应市场经济机制，最终需要达到的效果是剔除政府补贴后，清洁能源发电的边际利润应大于火力发电，才能真正激发企业向清洁能源生产转型，并逐步摒弃非清洁能源。唯有这样才能在不增加政府财政负担的情况下，企业有自主性和积极性去使用清洁能源，扩大其产业规模，使清洁能源能够真正应用于、服务于社会，让社会和企业同时受益，实现双赢局面才是最终目的。

那么，政府补贴在引导清洁能源生产方面是否已经初现成效，使企业逐步形成内在的动力进行清洁能源生产呢？可以通过分析清洁能源发电收入占营业收入比重，通过比重的变化趋势来判断。表 7-8 显示了 A 公司 2012~2015 年火电与清洁能源收入及其占比情况。

表 7-8　A 公司 2012~2015 年火电与清洁能源收入及占比情况

单位：万元

收入来源	2012 年	2013 年	2014 年	2015 年
总收入	1745758. 65	3648026. 57	4634917. 35	4935906. 26
火电收入	1193618. 36	2406995. 93	2888173. 41	2937089. 82
火电占比（%）	68. 37	65. 98	62. 31	59. 50
清洁能源发电收入	552140. 29	1241030. 64	1746743. 94	1998816. 44
清洁能源发电占比（%）	31. 63	34. 02	37. 69	40. 50

由表 7-8 可以看出，2012 年清洁能源收入为 552140. 29 万元，2013 年

达到1241030.64万元，同比提高了124.77%；2014年达到1746743.94万元，同比提高了40.75%；2015年达到了1998816.44万元，同比提高了14.43%。并且2012～2015年清洁能源发电占营业收入比例也由31.63%逐渐提高到了40.50%。由此可以发现，通过财政补贴引导重污染行业向清洁能源生产以降低对环境的破坏和对不可再生资源的依赖发挥了重要作用。

清洁能源收入虽然在公司整体合并层面看呈现稳步上升趋势，但在全国不同地区的发展是否均衡，可以通过分年度分地区的统计进行分析。表7-9、表7-10、表7-11、表7-12分年度分别列示了A公司在东北、华北、华东、西北、西南、华中等地区清洁能源收入占总营业收入的比重。

表7-9　A公司2012年火电与清洁能源发电营业收入及占比情况

单位：万元

收入来源	火电营业收入	清洁电力收入	营业总收入	火电营业收入占比（%）	清洁能源营业收入占比（%）
东北地区	179501.12	169791.31	349292.43	51.39	48.61
华北地区	628436.43	33715.50	662151.93	94.91	5.09
华东地区	208122.30	26789.10	234911.40	88.60	11.40
西北地区	144193.12	1404.07	145597.19	99.04	0.96
西南地区	33365.39	320440.31	353805.70	9.43	90.57
合计	1193618.36	552140.29	1745758.65	68.37	31.63

表7-10　A公司2013年火电与清洁能源发电营业收入及占比情况

单位：万元

收入来源	火电营业收入	清洁电力收入	营业总收入	火电营业收入占比（%）	清洁能源营业收入占比（%）
东北地区	101846.19	236089.72	337935.91	30.14	69.86
华北地区	360636.76	250318.14	610954.90	59.03	40.97
华东地区	1611461.03	51931.77	1663392.80	96.88	3.12
西北地区	311443.24	197791.19	509234.43	61.16	38.84
西南地区	21608.71	504899.82	526508.53	4.10	95.90
合计	2406995.93	1241030.64	3648026.57	65.98	34.02

表 7-11　A 公司 2014 年火电与清洁能源发电营业收入及占比情况

单位：万元

收入来源	火电营业收入	清洁电力收入	营业总收入	火电营业收入占比（%）	清洁能源营业收入占比（%）
东北地区	69323. 39	235852. 89	305176. 28	22. 72	77. 28
华北地区	362033. 47	394614. 52	756647. 99	47. 85	52. 15
华东地区	1969368. 69	230561. 28	2199929. 97	89. 52	10. 48
西北地区	435814. 17	256789. 62	692603. 79	62. 92	37. 08
西南地区	51633. 69	603153. 31	654787. 00	7. 89	92. 11
华中地区	—	25772. 32	25772. 32	0	100
合计	2888173. 41	1746743. 94	4634917. 35	62. 31	37. 69

表 7-12　A 公司 2015 年火电与清洁能源发电营业收入及占比情况

单位：万元

收入来源	火电营业收入	清洁电力收入	营业总收入	火电营业收入占比（%）	清洁能源营业收入占比（%）
东北地区	91894. 28	368506. 47	460400. 75	19. 96	80. 04
华北地区	325130. 50	479091. 22	804221. 72	40. 43	59. 57
华东地区	2136402. 86	326579. 78	2462982. 64	86. 74	13. 26
西北地区	343618. 47	186397. 79	530016. 26	64. 83	35. 17
西南地区	40043. 71	620717. 51	660761. 22	6. 06	93. 94
华中地区	—	17523. 67	17523. 67	0	100
合计	2937089. 82	1998816. 44	4935906. 26	59. 50	40. 50

表 7-13　A 公司 2012~2014 年不同地区清洁能源发电营业收入占比情况

单位：%

收入来源	2012 年	2013 年	2014 年	2015 年	趋势
东北地区	48. 61	69. 86	77. 28	80. 04	上升
华北地区	5. 09	40. 97	52. 15	59. 57	上升
华东地区	11. 40	3. 12	10. 48	13. 26	上升
西北地区	0. 96	38. 84	37. 08	35. 17	稳定

续表

收入来源	2012 年	2013 年	2014 年	2015 年	趋势
西南地区	90.57	95.90	92.11	93.94	稳定
华中地区	—	—	100	100	
合计	31.63	34.02	37.69	40.50	上升

从按年度划分的统计资料可以看出，A 公司清洁能源生产整体呈现上升趋势，但在各个地区之间发展并不均衡，2014 年投产的华中板块，完全是清洁能源生产。东北和西南清洁能源占比很高，绝大部分电力供应都是清洁能源，而西北、华北稍低，最低的是华东地区，截止到 2015 年，清洁能源发电比例不到 15%。这种状况反映清洁能源发电与区域自然条件存在很大关系，在华东地区，需要研究除风电、水电、太阳能等相对成熟的清洁能源发电形式以外的新技术。

第三节 基于平衡计分卡的 A 公司财政补贴绩效评价

一、基于社会维度的绩效评价

社会维度评价重污染行业财政补贴绩效主要从职工发展类指标、社会贡献类指标、环境保护生态维护类指标考察。每一类指标下又设置若干次级指标。具体评价过程和结果见表 7-14 到表 7-16。

（一）职工发展类指标

表 7-14 反映了 A 公司 2011~2015 年员工人数与薪酬变动情况。从表 7-14 中可以看出，从 2012 年开始，A 公司员工人数和人均薪酬都呈现增长趋势，这种趋势与表 7-1A 公司获取财政补贴的情况基本保持同方向变化，说明当政府给予财政补贴时，调动了企业清洁能源生产的积极性，投资的

增加驱动了员工数量的增长，清洁能源生产的稳步提升带来了营业收入的增长和效益的改善，也就提高了职工的平均薪酬。

表 7-14　A 公司 2011~2015 年员工人数与薪酬变动　　单位：万元

职工发展指标	2011 年	2012 年	2013 年	2014 年	2015 年
员工人数增长（人）	-609	5076	10556	1510	2366
人均职工薪酬	7.47	7	7.89	8.89	9.75
人均职工薪酬增长率（%）	—	-6.29	12.71	12.67	9.67

（二）社会贡献类指标

表 7-15 是评价 A 公司社会贡献度的指标计算表。由表 7-15 可以看出，税收贡献增长率在 2012 年增长较快，社区捐赠增长额在 2013 年达到最高。虽然不管是税收贡献增长率还是社区捐赠增长额都没有呈现一个稳定的增长趋势，但这种变化与政府补贴保持了一致性，政府补贴在一定程度上促进了 A 公司的社会贡献。

表 7-15　A 公司 2011~2015 年社会贡献　　单位：万元

社会贡献指标	2011 年	2012 年	2013 年	2014 年	2015 年
税收贡献增长率（%）	-95	736	46	89	-23
社区捐赠增长额	-171.68	-1631.43	3420.56	-1033.96	-3448.85

（三）环境保护生态维护类指标

表 7-16 是 A 公司 2011~2015 在环境治理上的投入指标。从表 7-16 可以看出，环保支出从 2013 年开始一直呈增长态势，与 2011 年、2012 年环保支出负增长形成对比。这与政府财政补贴趋势大致相关。政府财政补贴能促进该企业对环境保护的投入。

表 7-16　A 公司 2011~2015 年环境保护生态维护　　单位：万元

环境保护生态维护指标	2011 年	2012 年	2013 年	2014 年	2015 年
环保支出比上年增加额	-1960.55	-311.47	6893.53	2483.32	648.3

续表

环境保护生态维护指标	2011 年	2012 年	2013 年	2014 年	2015 年
环保支出比率（%）	1	0	1	6	5
环保支出增长率（%）	-12	-2	51	12	3

二、基于财务维度的绩效评价

财务维度评价重污染行业财政补贴绩效主要从盈利能力类指标、偿债能力类指标、现金创造能力类指标、资本成本类指标考察。每一类指标下又设置若干次级指标。具体评价过程和结果见表 7-17 到表 7-20。

(一）盈利能力指标

表 7-17 是 A 公司 2011~2015 的盈利能力指标。从表 7-17 中可以看出，总资产报酬率和主营业务利润率均呈现稳步增长的趋势，总资产报酬率越高，表明利用资产获取利润的能力越好。说明随着清洁能源生产的投入，能改善公司资产整体的盈利能力，也说明政府通过财政补贴引导企业向清洁能源生产是科学合理的，最终企业能摆脱对财政补贴的依赖，具有清洁能源生产投资的内在动力。

主营业务利润率排除了非经常性损益，能够比较准确地反映企业经营业务的获利能力。从表 7-17 中可以看出，主营业务利润率呈整体上升趋势，虽然 2013 年有所回落，但是不影响整体增长的趋势，直到 2015 年主营业务利润率相比较 2011 年翻了一倍。

表 7-17　A 公司 2011~2015 年盈利能力

盈利能力指标	2011 年	2012 年	2013 年	2014 年	2015 年
总资产报酬率（%）	2.21	4.89	2.93	6.04	7.18
主营业务利润率（%）	10.11	18.00	14.48	15.26	21.08

(二）偿债能力指标

表 7-18 反映的是 A 公司偿债能力指标。资产负债率是衡量企业负债水平及风险的重要标志。适度的资产负债率表明企业经营安全、稳健、有效，

具有较强的筹资能力。从表 7-18 中可以看出，A 公司的资产负债率总体比较高，从 2012 年以来的负债率均高于 2011 年。这与 A 公司大力发展清洁能源生产，举外债扩大清洁能源生产有很大关系。

流动比率用于衡量企业短期债务的偿债能力。一般认为流动比率应保持在 2 左右。从表 7-18 中可以看出，A 公司流动比率很高，短期偿债能力很强。说明 A 公司具有较强的财务管理能力，资金链比较安全，也说明清洁能源生产除了前期固定资产投资压力较大以外，后续的资金投入相对较少，具有发展前景。

利息保障倍数衡量了企业以经营所得利润支付债务利息的能力，是反映企业偿债能力的指标。一般认为利息保障倍数应保持在 3 倍以上，从表 7-18 中可以看出，企业利息保障倍数低于 3，说明长期偿债能力较弱。从 2014 年和 2015 年两年的情况来看，利息保障倍数处于增长趋势，与 A 公司清洁能源投产后获得回报有较大关系，预期 A 公司后期的偿债能力指标能逐步改善。

表 7-18　A 公司 2011~2015 年偿债能力

偿债能力指标	2011 年	2012 年	2013 年	2014 年	2015 年
资产负债率（%）	72.65	73.30	75.56	77.91	75.24
流动比率	2.48	5.33	5.60	3.67	3.44
利息保障倍数	1.10	2.73	1.21	2.06	2.31

（三）现金创造能力指标

表 7-19 列示了 A 公司现金创造能力。包括经营活动现金净流量、经营净利润指数和净资产现金回收率三个指标。经营活动现金净流量反映了企业经营活动创造现金的能力。从表 7-19 中可以看出，这个指标逐年增长，反映了企业经营能力不断提高。经营净利润指数表明净利润的现金保障度。从表 7-19数据可以看出，后三年相对前两年呈下降态势，后三年维持在 2 左右，说明虽然净利润现金保障度不高，但是比较稳定。

净资产现金回收率表明净资产的现金保障度。从表 7-19 可以看出，此指标整体呈上升趋势，虽然在 2013 年有所回落，但是不影响整体增长的趋势。2015年净资产现金回收率相比2011年已经有了将近3倍增长，这表明企业净资产现金很有保障。

表7-19　A公司2011~2015年现金创造能力

现金创造能力指标	2011年	2012年	2013年	2014年	2015年
经营活动现金净流量（万元）	186089.06	561322.23	650886.88	1035625.10	1485309.14
经营净利润指数	3.60	2.69	2.01	2.31	2.22
净资产现金回收率（%）	9.40	26.24	19.18	26.61	32.60

（四）资本成本指标

表7-20为A公司资本成本表，从表中可以看出债务融资成本呈逐年上升趋势，虽然2012年有所回落，但是不影响整体上升趋势。这与A公司加大清洁能源投资，对外举债有直接关系。

表7-20　A公司2011~2015年资本成本　　单位：%

资本成本指标	2011年	2012年	2013年	2014年	2015年
债务融资成本	4.07	3.43	4.93	5.51	6.32

三、基于内部经营流程维度的绩效评价

内部经营流程维度评价重污染行业财政补贴绩效主要从资金使用效益类指标、资金使用效率类指标考察。每一类指标下又设置若干次级指标。具体评价过程和结果见表7-21至表7-22。

（一）资金使用效益类指标

表7-21衡量了A公司资金使用效益，主要通过主营业务成本率、管理费用率和成本费月利润率三个指标计量。主营业务成本率衡量的是一个企业主营业务收入中主营业务成本所占比例多少，该比例高则主营业务收入的盈利贡献就低。从表7-21中可以看出，主营业务成本率基本维持在80%左右，虽然2015年有所下降，但是整体来看成本还是较高。这种状况一方

面符合发电类企业的特点，因为国家对上网电价实行统一标准，以保证电力用户的用电成本，同时政府对电力企业的成本实行财政补贴。另一方面也说明随着清洁能源投资比例不断增加，A公司的成本率得以下降，说明清洁能源投产不仅能减少环境危害，而且能为微观经济主体创造效益，最终能在不依赖财政补贴的情况下实现“社会、政府、企业”多赢的局面。

管理费用是影响企业盈利能力的重要因素，反映了企业经营管理水平。如果管理费用率高，说明企业的利润被组织性、管理性的费用消耗得太多，必须加强管理费用的控制才能提高盈利水平。从表7-21中可以看出，管理费用率总体来说比较均衡，尤其是2012年从2011年的3.08%下降到1.53%后，管理费用率一直在较低位运行。随着清洁能源生产的增加，管理费用率没有显著增加，有时还会降低，说明对于清洁能源的管理不会带来边际成本费用的增加。成本费用利润率指标表明每付出1元成本费用可获得多少利润，体现了经营耗费所带来的经营成果。总的来看，A公司的成本费用利润率是逐年增长的，说明在清洁能源投产后，公司的各项消耗创造了较好的价值，清洁能源投资是一个正确的选择。

表7-21　A公司2011~2015年资金使用效益情况　　单位：%

资金使用效益指标	2011年	2012年	2013年	2014年	2015年
主营业务成本率	99.52	91	85.07	84.86	78.61
管理费用率	3.08	1.53	1.31	1.31	1.45
成本费用利润率	8.07	8.08	9.61	10.71	15.43

（二）资金使用效率类指标

表7-22反映了A公司资金使用效率。用总资产周转率、应收账款周转率、存货周转率来反映资金使用效率。总资产周转率是综合评价企业全部资产经营质量和利用效率的重要指标，周转率越大，说明总资产周转越快，反映出销售能力越强。表7-22中反映了A公司总资产周转率比较平稳，尤其是2013~2015年，连续三年保持在0.3左右。在企业的总资产不断增加

的情况下，总资产周转率能保持稳定，说明A公司的运营能力比较强，清洁能源投资有助于提高资产使用效率。

应收账款在流动资产中具有举足轻重的地位，应收账款如能及时收回，公司的资金使用效率便能大幅提高。存货周转率分析的目的是从不同的角度和环节上找出存货管理中的问题，使存货管理在保证生产经营连续性的同时，尽可能少占用经营资金，提高资金的使用效率。从表7-22可以看出，A公司应收账款周转率在2013年、2014年、2015年三年保持持续增长，而存货周转率则在2014年和2015年两年相对于2012年有所降低，这可能和火力发电板块原材料煤炭价格波动存在直接关系。

表7-22 A公司2011~2015年资金使用效率情况 单位：次/年

资金使用效率指标	2011年	2012年	2013年	2014年	2015年
总资产周转率	0.26	0.36	0.3	0.3	0.31
应收账款周转率	7.69	12.24	8.74	9.39	9.82
存货周转率	9.2	21.60	15.18	12.60	12.30

四、基于学习与成长维度的绩效评价

学习与成长维度评价重污染行业财政补贴绩效主要从研发投入类指标、技术能力类指标、学习培训类指标考察。每一类指标下又设置若干次级指标。具体评价过程和结果见表7-23到表7-25。

（一）研发投入类指标

研发投入是企业发展后劲的主要驱动力，反映一个公司的战略导向、资金实力。A公司2012~2015研发投入情况见表7-23。从表7-23可以看出，随着收入的增长，A公司的研发投入也不断增加。研发投入强度2012年为0.52%，2013年到2015年保持在0.3%以上，呈弱增长态势，但是研发投入金额在逐年增加，连续三年保持在20%以上的增长率。可以初步认为研发在A公司比较受重视。当然和国内企业相比，研发投入偏少。据统计，2015年，我国规模以上工业企业研发投入强度为0.9%，比2014年提高了 0.06 个百分点。

表 7-23　A 公司 2012～2015 年研发投入　　单位：万元

研发投入指标	2012 年	2013 年	2014 年	2015 年
营业收入	1745758.65	3648026.57	4634917.35	4935906.26
研发投入	9077.94	11212.87	14326.79	17355.68
研发投入强度（%）	0.52	0.31	0.31	0.35
研发投入增长率（%）	—	23.52	27.77	21.14

（二）技术能力类指标

技术能力可以用无形资产占资产的比率和无形资产增长率反映。表 7-24 是 A 公司技术能力指标。从表 7-24 可以看出，A 公司无形资产占总资产的比重在 2011～2014 年比较稳定，2015 年增长至 1.02%。总体来看无形资产占总资产的比例不够高，可能与发电类公司属于重资产企业有关系。无形资产总体呈增长趋势，增长幅度在各年间不太均衡。

表 7-24　A 公司 2011～2015 年技术能力分析　　单位：万元

技术能力指标	2011 年	2012 年	2013 年	2014 年	2015 年
无形资产金额	42678.6	55435.9	95663.6	116735.7	186175.3
无形资产比率（%）	0.62	0.62	0.79	0.76	1.02
无形资产增长率（%）	—	29.89	72.57	22.03	60.48

（三）学习培训类指标

表 7-25 是 A 公司 2011～2015 年员工学习培训情况，用培训费用占管理费用的比重计量公司对员工培训的重视程度。从表 7-25 来看，A 公司在 2012 年开始加大了在学习培训方面的力度，与 2011 年相比，此后的 2013～2015 年都保持了相对较高的培训费用比率，为公司后续发展积蓄了人力资源。

表 7-25　A 公司 2011~2015 年学习培训　　单位：%

学习培训指标	2011 年	2012 年	2013 年	2014 年	2015 年
培训费用占管理费用比率	0.033	0.095	0.089	0.085	0.078

从基于平衡计分卡的角度分析结果来看，A 公司在各方面总体处于良性发展阶段，对重污染行业财政补贴的效果初步显现。

第八章 08

我国营利性组织财政补贴绩效偏差的原因分析

第一节

营利性组织财政补贴“双刃剑”性质的影响

国内外相关文献研究表明，营利性组织财政补贴是把“双刃剑”，有其积极的一面，也有其消极的一面，所以必须在利用营利性组织财政补贴激励作用的同时，防范财政补贴的阻碍作用，否则，有可能导致营利性组织财政补贴绩效目标偏差。

一、财政补贴的激励作用与囚徒困境

上市公司财政补贴实证检验发现，财政补贴在激励企业雇佣员工解决公民就业问题、改善企业内部管理方法与流程上有积极作用，但同时也可能使各级政府陷入“囚徒困境 ”，而且各级政府与企业之间的关系也会陷入这种困境，企业依赖政府，公司治理中各级政府的烙印也越显著，建立地方保护主义壁垒和限制资源流动的动机便会产生，从而形成市场分割，使整个市场的效率受到损害。另外，大面积的政府补贴和税收优惠也会使政府的财政收入下降，公共品供给减少，财政补贴和税收优惠的积极意义也会因此消失。

二、财政补贴因利益分配不均衡可能导致冲突与矛盾

本书通过实证检验发现，政府在实施对营利性组织财政补贴时具有较强的倾向性。有政府背景的公司获取财政补贴比没有政府背景的公司要大，国有控股企业获取补贴通常金额比较大，重点突出。而对民营企业补贴时，则类似于大面积安抚性质。因此，财政补贴中由于利益分配不均衡将带来各种利益冲突和矛盾，这些利益冲突和矛盾主要表现为国家整体利益与区域利益的矛盾、地区整体利益和企业利益的矛盾、受补贴企业与无补贴企

业的矛盾。

（一）国家整体利益与区域利益的矛盾

地方政府实施财政补贴这一行为的直接后果有可能导致国家整体经济利益的损失。因为地方政府对企业提供财政补贴主要是从本地区自身利益出发的，它们所关注的仅仅是一定时期内本地区利益的实现程度，其行为只要不受到国家法律制度的限制，就不会考虑对国家整体利益的影响，妨碍在全国范围内有效配置资源，甚至会出现以损失国家整体利益来换取本地区利益实现的非效率行为。

（二）地区居民利益与企业利益的矛盾

地方政府对本地区营利性组织提供财政补贴和其他财政项目的支出一样，需要考虑资金的成本和收益。地方政府对企业实行财政补贴的目的是希望受补贴企业产生额外的公共收益，提高地区整体利益和给居民带来长远利益。但是政府将本属于公共所有的财政资源补贴给营利性组织，是将本地区居民的公共财富给予某些企业，居民的利益将受到影响。因为一定时期内，政府的财政收入是一定的，将其一部分用于对企业的补贴，就意味着用于地区社会公共产品和项目资金的减少，即一方面地方政府在以财政补贴的方式使受补贴企业获得经济利益的同时，另一方面又使地区居民的整体利益受到影响，从而导致地区居民利益与企业利益的矛盾。

（三）受补贴企业与无补贴企业的矛盾

对企业实施财政补贴，其实质是一个利益再分配问题，补贴的给予使得地区企业分为受补贴企业和无补贴企业。该两类企业使用同样的基础设施，获得同样的政府服务，但受补贴企业比无补贴企业得到更多的经济利益，如政府货币资金资助、无息贷款、税收减免等。如果无补贴企业和受补贴企业存在竞争关系，则这种补贴对于无补贴企业来说就是致命的消极因素，甚至直接威胁到其生存，最终破坏了市场竞争的公平性原则，导致经济不能健康发展。

三、弥补市场失灵与导致补贴依赖的矛盾

从市场配置资源的角度来说，各种补贴不仅违背了市场法则的价值定律，而且很容易促使一部分长期享有财政补贴的企业及其管理人员滋生懒惰的思想，过多的财政补贴反而不利于激发这些行业人员的工作潜能和竞争意识，而这与市场机制所倡导的竞争活力和最有效率的帕累托最优状态显然背道而驰。所以，财政补贴本意是作为一个市场运行的润滑剂，最后却往往在实行过程中阻碍了市场经济的顺利运行，扭曲了价值规律，也同时改变了利益分布的格局。

即使财政补贴是用于修正市场失灵，引导具有正外部性的行业提供公共服务，但并不一定所有对正外部性的补贴一定都是有效率的。因为庇古的分析框架中，隐含着以下两个假设：首先，正外部性效应的制造者可以约束或者修改自己的行为，生产者还有改进生产的能力；其次，补贴对于正外部效应的制造者能够形成有效的激励，并且能够降低成本，从而提供更多的供给。换言之，生产者对于价格补贴有反应，只要正外部性创造的价格下降或者上升，它就会增进或者约束自己的经济活动。

按照庇古的思路，当政府提出要给正外部性的生产者以补偿时，已经在一定程度上偏离了福利经济学的帕累托效率标准。即使假定受益者拿出的偿付金可以使正外部性制造者的生产价格下降，从而使供给曲线移动，正外部性的制造者得到了他所应当得的。但这是否为帕累托改进，则要看受益人是否非常乐意支付这一费用。否则，一个人的福利增加就是以另一个人的福利减少为代价的。同时，政府补贴的主张者在分析过程中只看到由于偿付过程的发生所带来的供给改善，而没有把需求的变化考虑进来。如果正外部性制造者的供给增加，但受益者所代表的社会需求却相应地减少，经济学家们所企盼的效率改进就仍然无法实现。

第二节

营利性组织财政补贴流程中的制度缺陷

目前，我国政府对营利性组织财政补贴力度越来越大，从 2012 年至 2015 年，财政补贴面由 2012 年的 87.6%上升到 95.7%，财政补贴额的自然对数由 13.512 增长到 15.363，增长速度非常快。然而，面对数额如此庞大的财政补贴，我国目前仍然缺乏明晰的制度规范，造成政府对营利性组织财政补贴中的各种问题。正如安体富（2007）指出，“在各种政府补贴中，由于受政府职能转变不到位、政府间支出责任不清晰、政府统计体系不完备、既得利益刚性等因素的制约，我国各级政府在对营利性组织实施补贴时存在较多的问题，如补贴项目管理不够规范、使用比较混乱、某些补贴使用效率低下、补贴过程中存在设租寻租问题、政府官员和企业可能非法掠夺公共财富等”。这些问题的存在，严重影响了财政补贴政策效应的实现，使财政补贴变成了某些企业“免费的午餐”。

一、补贴对象不够明确

从整个国家的整体状况来看，现行规定中对于哪些行业、企业及何种情形可以享受财政补贴没有具体规定，补贴项目过多。当前许多领域都存在着财政补贴的影子，从生产到流通都存在着财政补贴，即使高额利润的垄断行业，如电力、石油、石化等能源部门都存在着大量的财政补贴。陈晓、李静（2001）发现，补贴并没有如人们预期的那样倾向于某些政策性补贴行业，公用事业并没有享受更多的政府补贴，虽然农业类公司获得补贴的比例很高，但是其补贴率却相对很低。过多过滥的财政补贴不利于激发企业的潜能和竞争意识，也与市场机制所倡导的竞争活力和最有效率的帕累托最优状态显然背道而驰，制约了市场配置资源的能力，抑制了完全市场经济的建立。补贴对象不明确，补贴面广，类似于“撒胡椒面”的形式，通过前文的描述性统计和实证检验比较清楚地体现出来。

二、补贴金额缺乏统一的标准

从国家目前的财政补贴制度来看，补助的额度没有具体规定，大多按补贴项目确定补贴数额。财政补贴特别是地方政府对企业的补助具有很大的随意性。除了“出口退税”和一些行业优惠以外，我国大部分的补贴，地方政府可以控制或者可以分配额度。由于缺乏统一的标准，导致主观决策在资金分配过程中扮演了重要角色，补贴资全配置过程中的寻租设租在所难免，导致效率低下甚至巨额损失的事例屡见不鲜。所以，如何确定具体项目财政补贴资金额始终是困扰财政部门的一大难题。从描述性统计的情况来看，各行业、各公司在不同的年度获得的财政补贴金额存在较大的差异。

三、补贴目的不尽合理

企业亏损补贴是目前我国财政补贴的主要内容之一，财政补贴中的企业亏损补贴从理论上讲应该只对政策性亏损进行补贴，但在我国，实际上不只是对政策性亏损进行财政补贴，对很多经营性亏损也进行补贴。据统计，在我国企业亏损补贴中一半左右是补贴经营性亏损的。由于证券市场配股和 ST 刚性制度的存在，一些地方政府为避免上市公司退市等，给予上市公司巨额的财政补贴，帮助其“扭亏为盈”，这种做法破坏了股票市场的正常秩序及公平的竞争环境。

所以，对营利性产业和国企的大量补贴，并未有效地改善它们的经营效率和竞争实力，而且产生的“挤出”效应，严重地影响着国家对科教、技术创新、环境保护、公益设施的投入与支持，导致财政功能和补贴政策在一定意义上的错位；在发展冲动的驱使下 地方财政竞相推出种种财政补贴的“优惠政策”，使得财政补贴颇为紊乱，也导致了市场竞争秩序的“失序”。这些显然是与财政补贴的初衷是相互抵触的，必须加以改革和调整。

四、补贴过程不完全透明

营利性组织财政补贴的流程通常是：政府部门制定补贴项目——营利性组织申报——政府部门考察审批——拨付资金——接受补贴的组织定期报送财务信息。由于各种原因，我国目前政府财政补贴全流程缺乏应有的透明度。政府补贴的决策人拥有配置这种稀缺资源的权力，对于政府补贴给谁、给多少缺乏透明度，容易形成权力的寻租，从而对不符合条件的营利性组织实施补贴，对营利性组织使用补贴资金的合规性和效益性缺乏监管与评价，最终影响公共资源的优化配置和社会整体福利的提高。

五、补贴资金使用缺乏充分监督

在实际工作中，由于政府与营利性组织之间的信息不对称，政府对补贴使用情况无法观察，企业可能违背获取补贴的承诺改变补贴资金的用途，或者歪曲补贴资金的使用效益，从而导致政府的补贴不但没有起到激活地方经济的作用，反而会因为补贴使得地方财政出现重大的漏洞。存在信息不对称时，占有信息优势的代理人为了自身利益可能凭借自己的信息优势选择对委托人不利的行为，从而引起逆向选择和道德风险。前者客观上导致不合理的市场分配行为，后者增加交易的风险性和交易成本。在政府对营利性组织财政补贴的博弈中，获取补贴的企业是信息优势方，作为理性经济人，它们很可能利用自己的信息优势最大化自身的经济利益，而不是体现政府补贴的意图，从而使政府补贴的目的难以达到，并最终导致政府补贴政策失灵。防止财政补贴使用中的道德风险最重要的手段之一是加强监督和考核。但从目前全国统一的法律规章制度来看，均缺乏对政府财政补贴的监督审计制度，获得财政补贴的上市公司，在其公开发布的各类信息中，也难以找到政府补贴接受独立审计检查监督并出具意见的披露。

六、财政补贴绩效评价指标有待完善

地方政府负有地区的管理职责，其首要关注的就是该地区居民的整体利益。地方政府使用的补贴资金属于本地居民的公共财富，政府使用本属于公共的财政资源补贴营利性企业，是将本地居民的公共财富给予企业，是一种利益的转移过程。在政府的最优决策下，给予企业的补贴应该使企业产生额外的公共收益，以满足本地大多数人的利益。这就需要对补贴资金的规模和由此产生的公共效益进行评估。但在我国目前的各类效益（绩效）评价标准中，尚没有专门针对政府财政补贴绩效考评的指标体系，因而对财政补贴绩效考评在实务中就存在较大难度和较多的随意性，导致目前很大一部分财政补贴，缺乏严格的效益评估、追踪问效的机制，没有充分发挥出财政补贴的作用来。

第九章 09

“互联网+会计”与营利性组织财政补贴优化

第一节

会计功能拓展的技术依赖性

一、技术进步对会计发展的推动力

技术进步对会计发展和会计功能拓展的作用有目共睹，它既是保证会计理性观念得以实施的前提，也是会计理性观念更新发展的制约因素。从历史上来说，会计功能拓展与笔墨纸张等书写技术的发明密不可分，复式簿记的产生更是内含着对以往会计方法的彻底改造。Littleton（1933）提出了系统的复式簿记产生的七项必要条件：①书法，簿记首先是记录。②算术，簿记是由连续计算组成的。③私有财产，簿记只反映关于财产和财产权的事实。④货币和货币经济，簿记只有以货币作为共同的计量单位，去反映所有的关于财产和财产权的经济业务，才得以成立。⑤信用，即末完成的经营业务。倘若所有的经济业务当场结清，就不存在反映交易的债权债务。⑥商业，仅仅是地方性贸易，尚不会产生足够的压力，使人们将各种不同的概念综合成一个系统的方法。⑦资本，没有资本，商业就是小宗买卖，信用交易也就不会产生。查特·菲尔德对技术如何影响会计有过精彩的论述："在每一个古代社会，都存在算术，但均没有开发出计算技术的简易方法。希腊——罗马会计（Greeco-Roman Accounting）发展迟缓的基本原因在于它们的记数法制度。因为它们无法像阿拉伯数字那样能自上而下进行加法运算。所以，那时候，收入栏和支出栏没有分设，不存在借方和贷方的概念，当然不可能产生复式簿记。"而阿拉伯数字、十进制等技术则使复式簿记更趋完善并得到广泛的传播，从而成为一种世界通用的商业语言。而算盘等运算工具的发明和运用则对会计核算的速度和正确率起了很大的促进作用。反过来，会计目标的实现、会计价值的提高也受到技术水平和条件的影响和制约。现有各类决策中没有充分利用会计信息的作用，

是因为现有会计流程没有充分发挥信息技术的优势，仅仅将信息技术作为手工的替代，而没有利用信息技术提高流程供应多品种产品的能力，“互联网+会计”因各种制约因素的存在而没有有效发挥潜在功能。

二、互联网和信息技术对会计功能拓展的作用

信息技术是近几十年来迅速发展起来的新兴技术，主要包括电子计算机技术、通信技术以及在这两种主导技术支持下的用以采集、存储、处理、传递、显示各种介质信息的其他信息相关技术（如复印、缩微、视听、显示等技术）方面。现代信息技术广泛运用于各个领域，已经改变了社会经济的生产结构和组织结构，“准时生产制造”（Just in Time，JIT）、“最优生产技术”（Optimized Production Technology，OPT）、“柔性制造系统”（Flexible Manufacturing System，FMS）、“精益生产”（Lean Production，LP）、“计算机集成生产系统”（Computer Integrated Manufacturing，CIMS）、“敏捷制造”（Agile Manufacturing，AM）、“人工智能”等新技术的生产和管理、消费模式影响着每个组织、每个人的决策模型，甚至是生存方式，也相应改变着会计信息用户对会计信息需求的内容、形式和速度。以电子计算机为核心的现代信息技术，具有电子记忆、数据处理、通信传输等功能，它一开始进入会计领域，便展现出一种广阔的前景。在现代信息技术出现的早期，就已有许多人预言到信息技术将会对会计行业产生深刻的影响。这种影响一方面是对会计核算内容的影响，另一方面是对会计活动方式本身的影响。

（一）“互联网+”商业模式丰富会计核算内容

信息技术对会计流程核算内容的影响，指信息技术投资、信息软件和高技术人才将进入会计流程，成为会计核算和反映的对象。信息技术对会计核算内容的影响是信息时代企业生产方式、组织结构和价值创造发生了根本性改变的结果。由于技术这种知识资产在企业资产中的重要程度越来越高，它正在和人力资本等软资产一起成为现代会计规范与披露的热点和难点。如在美国会计中，研究与开发费用是作为当期费用予以注销的，但第 86 号会计准则《用以出售、租赁或其他目的的计算机软件成本的会计处

理》中规定，当某一项计算机软件的技术可行性已经建立起来时，其研究与开发费用可予资本化，至于资本化的费用，按未摊销成本和可变现净值孰低列示。

对会计流程核算内容的影响还表现在互联网时代出现的许多新的商业模式和资产形式。从商业模式来说，“互联网+”模式是否应该确认为无形资产已引发探讨，互联网企业在前期大量投入进行消费补贴（所谓“烧钱”），以此吸引海量用户注册，并逐步成为其客户，为未来现金流入积累资源。这种用户资源作为一种很可能带来未来经济利益的数据，能否作为一类特殊的资产——数据资产纳入会计核算的范畴？2015 年 4 月，贵阳大数据交易所成立，2016 年 4 月 28 日，中关村数海数据资产评估中心携手全球最具权威的信息研究与顾问咨询公司 Gartner，共同发布全球首个数据资产评估模型。2016 年 5 月 3 日，贵州东方世纪拿到了贵阳银行的第一笔“数据贷”放款。这些都说明，信息技术的发展、人类进入到“互联网+”时代后，许多创新的商业模式和盈利要素将进入会计系统，对会计发展和进步、对会计理论和实务产生深刻影响。

（二）财务共享服务中心改变了财务核算组织形式

信息技术对会计流程活动方式的影响是指信息技术将改变传统会计长期秉承的核算和传递模式，促使会计从传统会计进化到现代会计，为化解传统会计在信息时代所面临的价值危机创造条件。Alfred Wagenhofer（2003）指出，会计实务有许多机会来进行转变，通过网络技术减少生产和发布信息的边界限制可以给改变传统财务报告模式提供很大的空间。Jensen 和 Sandlin 也早在 1997 年就建议会计研究者们应该试验由纸质报告向超媒体数据库转移。AICPA 主席 Robert Mednick 指出：“如果会计行业不按照 IT 技术重新塑造自己，它将有可能被推到一边，甚至被另一个行业——对提供信息、分析、签证、服务有着更加创新视角的行业所代替。”2003 年 2 月，上海国家会计学院公布了现阶段影响会计从业人员的 10 大信息技术调查结果，同时还公布了潜在影响中国会计从业人员的 5 项信息技术。调查结果表明，各项信息新技术正在影响着我国会计数据的获取、传递、加工及财务信息的披露。无独有偶，AICPA 也宣布了 2004 年影响会计职业的前 10 种技术。无论是国内还是国外的调查，都表明计算机和网络技术不可避免地要冲击会计领域。

许多理论研究证明，技术进步不仅可以推动会计理论和方法的日趋完善，而且使会计功能的实现越来越低成本，它不仅可以以更加经济的方式生产和传递企业内外的信息用户随时需要的与自己决策模型高度相关的信息，而且可以突破人的有限理性的局限，在计算的速度和正确率方面有足够的保障，从而提高会计信息的可靠程度。但仔细分析，会计信息的生产模式、会计信息输出的频率和速度、会计信息的主体内容都没有本质的变化，从而使会计流程的产出仍然只能与会计用户的需求遥遥相望。人们对信息技术作用于会计流程最直观的感受是高速运转的计算机部分取代算盘、草稿纸变为会计数据处理的工具，磁介质和光电介质部分代替纸张成为了会计数据的载体，新兴的网络传播媒体部分取代报纸杂志等传统大众媒体成为信息传递的途径。而从本质上来说，经验研究表明，传统财务报告的价值已经下降（Lev 等，1999）。尽管用户对网络披露的接受程度已经提高，但是网上所提供的许多信息仍然是从其他来源可以得到的信息（Alfred Wagenhofer，2003）。Thomas Walthe 等（1997）不无忧虑地指出，与起源于 20 世纪 80 年代并迅速发展的经营管理革命相比，在财务和会计工作领域所发生的革新落后了一代。这种矛盾的状况意味着一方面如何利用信息技术优化会计流程提高会计价值尚有许多研究空间，另一方面是会计信息供应不仅仅受制于信息技术。在会计信息已具有强烈经济后果的今天，企业是否有动力利用信息技术改进会计流程进而凭借信息技术提高会计价值还受到其他因素的重要影响。

发展到今天，“财务共享中心”是“互联网+会计”在会计组织形式和价值实现方式上最集中的体现。财务共享服务中心（Financial Shared Service Center，FSSC）是将企业各种财务流程集中在一个特定的地点和平台来完成，通常包括财务应付、应收、总账、固定资产等的处理。这种模式在提高效率、控制成本、加强内控、信息共享、提升客户满意度以及资源管理等方面，都有明显的效果。财务共享服务中心作为一种新的财务管理模式正在许多跨国公司和国内大型集团公司中兴起与推广。

作为一种新型的管理模式，共享服务的本质是由信息网络技术推动的运营管理模式的变革与创新。在财务领域，它是基于统一的系统平台、统一的会计核算方法、标准的操作流程等来实现的。其理论开发、实践运行完全依赖于计算机技术和互联网的发展与普及。在财务共享服务中心模式下，远程财务流程需要建立强大的网络系统，需要强大的企业信息系统作为 IT 平台。依靠 IT 技术平台和互联网，“财务共享服务”模式可以跨越地理距离的障碍，向其服务对象提供内容广泛的、持续的、反应迅速的服务，实现“协同商务、集中管理”。

与普通的企业财务管理模式不同，财务共享服务中心的优势在于其规模效应下的成本降低、财务管理水平及效率提高和企业核心竞争力上升。具体表现如下：

第一，运作成本降低。这方面的效益主要通过减少人员数目和减少中间管理层级来实现。如果“共享服务中心”建立在一个新的地点，通常成本的降低效果更显著，原因是：通常选择的新地点，当地的薪资水平会较低；通过在“共享服务中心”建立新型的组织结构和制定合理的激励制度，能显著地提高员工的工作效率，并形成不断进取的文化。

第二，财务管理水平与效率提高。这方面效益主要通过对所有子公司采用相同的标准作业流程，废除冗余的步骤和流程；“共享财务服务中心”拥有相关子公司的所有财务数据，数据汇总、分析不再费时费力，更容易做到跨地域、跨部门整合数据；某一方面的专业人员相对集中，公司较易提供相关培训，培训费用也大为节省，招聘资深专业人员也变得可以承受；“共享服务中心”人员的总体专业技能较高，提供的服务更专业。此外“共享服务中心”的模式也使得 IT 系统（硬件和软件）的标准化和更新变得更迅速、更易用、更经济。

第三，支持企业集团的发展战略。公司在新的地区建立子公司或收购其他公司，财务共享服务中心能马上为这些新建的子公司提供服务。同时，公司管理人员更集中精力在公司的核心业务，而将其他的辅助功能通过财务共享服务中心提供的服务完成，从而使更多财务人员从会计核算中解脱出来，能够为公司业务部门的经营管理和高层领导的战略决策提供高质量的财务决策支持，促进核心业务发展。“共享服务中心”将企业管理人员从繁杂的非核心业务工作中解放出来。

第四，向外界提供商业化服务。有些公司开始利用“共享服务中心”（一般为独立的子公司）向其他公司提供有偿服务。例如，壳牌石油（Shell）建立的“壳牌石油国际服务公司”（Shell Services International）每年有8%~9%的收入来自向外界提供服务。

第二节

“互联网+会计”优化营利性组织财政补贴的内在机理

“互联网+会计”支持政府财政补贴决策优化主要在于减少决策中的信息不对称程度，抑制逆向选择和道德风险。受技术的限制，会计功能在宏观领域的作用发挥一直停留在理论层面（Galai，2011；Gagnon，2013）。“互联网+会计”为会计功能在政府财政补贴决策领域的拓展提供了无限可能，它可以使任一层级政府、任一政府组织以微观经济主体的方式借助会计工作原理，为事前财政补贴决策、事中财政补贴监督和事后财政补贴绩效评价提供决策支持。

一、会计具有国家治理的内在功能

（一）会计演进过程及其治理作用发挥

早在原始公社制时代，为反映渔猎收获数量以及其他收支，人们开始使用“刻石记数”“结绳记事”等方法进行原始计量和记录，这就是会计发展的开端，也表现了经济社会对会计最初始的计量、记录需要。古代会计的萌芽表明，即便是最原始的会计，也属于一项以记录为基础的管理控制活动。

国家产生以前的会计，仅仅是一种较低水准的计量、记录行为，功能单一，没有分工。随着经济社会的发展和国家的建立，会计有了明确的分工：一是因服务对象不同，会计演进为官厅和民间两个部分；二是专门负责财物保管、收支工作的官职开始出现，标志着出纳的形成；三是伴随着封建经济的繁荣，统治阶级对经济监督工作逐渐重视，推动了独立审计部门的兴起。总体而言，统治阶级经济管理的需求促进了会计的发展，而明确的会计分工又增强了国家治理的有序性。

唐、宋时期产生的“四柱结算法”反映了会计核算与结算的四大要素，它所包含的平衡结算思想为单式簿记向复式簿记的演进创造了条件。我国复式簿记的最初形式为“龙门账”。明末清初，空前繁荣的手工业和商业促使“利润”“收支”“负债”等概念开始形成，计量工具——“龙门账”也应运而生。复式簿记是对经济业务的记录，因此，经济业务从简单到复杂的过程成就了复式簿记逐渐成熟的条件，而科学的记录、计量方法也极大地推动了政府对经济的宏观调控，推动了经济社会的发展。

经济全球化以一种无与伦比的张力席卷了世界的各个领域，会计也不例外。对日益复杂的经济关系和层出不穷的管理问题，一方面，许多新生的管理控制活动和学科研究被纳入广义的会计范畴中，横向拓展了会计的广度；另一方面，会计职能分工进一步细化，纵向挖掘了会计的深度。广义的会计既有信息收集、加工、处理、报告的功能，又有财务管理、内部控制的功能，还有评估、鉴定会计信息质量优劣的功能。可以说，在经济全球化背景下，会计不论在微观的企业管理方面还是在宏观的国家治理方面都越来越重要。

“大智移云”时代，“互联网+会计”使微观会计的组织形式、核算内容、信息传递与储存突破了时间和空间的限制，会计可以低成本地在企业管理、控制、决策、战略等方面发挥重要作用。而在国家治理层面，政府利用共享的会计信息有助于作出正确的宏观经济决策，包括对营利性组织财政补贴，可以将有限的补贴资金用于能产生最大化补贴效果的行业和领域。

（二）会计在现代国家治理中的作用

“天下未乱计先乱，天下欲治计乃治”（杨时展，1997），精辟论述了会计与国家治理的关系。“对于会计工作而言，要实现国家治理体系和治理能力的现代化，就要把会计作为服务经济工作的一个最基本工具，充分发挥会计在服务社会主义市场经济秩序、服务社会主义市场经济发展方向中的基础性作用”（朱光耀，2014）。一方面，会计法规制度体系的不断完善和有效实施，本身就是国家治理体系和治理能力现代化的一个部分，有利于维护经济和社会秩序；另一方面，以国家治理理念指导会计方法创新、会计功能拓展，通过无所不在的会计活动协调、控制经济社会各种事务和各项活动，达到国家治理目标。

习近平总书记指出，国家治理现代化是国家治理体系和治理能力现代化的总称。国家治理体系是在党领导下管理国家的制度体系，包括经济、政治、文化、社会、生态文明等各领域体制机制、法律法规安排，也就是一整套紧密相连、相互协调的国家制度；国家治理能力则是运用国家制度（包括经济、政治、文化、社会、生态文明等制度）管理社会各方面事务的能力。会计天然具有国家治理效应：一方面，“依法治国是实现国家治理现代化的核心”，会计制度、会计准则体系本身就是法律法规制度的一部分，会计法律法规的健全可以被理解为国家制度层面的完善；另一方面，会计作为经济、财政的基础，通过会计活动能够直接作用于各类组织的经济决策和市场判断，从微观到宏观，最终影响到国家治理层面。

会计夯实国家治理，一方面表现为会计为国家治理提供决策、评价和预警所需的信息系统，有助于在顶层设计层面充分及时了解信息，做出正确决策；另一方面也有助于各级职能部门和治理层面及时了解经济运行状况，评估经济运行效率和效果，对执行层面出现的偏差及时发出预警信号，便于动态调整各项规章制度，实现国家治理体系和治理能力现代化。

营利性组织财政补贴是政府资源配置的具体体现之一，也是国家治理在经济领域的表现。政府营利性组织财政补贴资源配置需要克服信息不对称，需要将有限的资源配置到尽可能实现国家政治经济目标的领域和企业，因而需要会计提供的各类信息，需要会计夯实政府资源配置的基础。

二、大数据和互联网强化会计在营利性组织财政补贴资源配置中的作用

（一）大数据支持会计从核算职能向决策职能转型

大数据（Big data）是由数量巨大、结构复杂、类型众多的数据构成的数据集合，是继云计算、物联网之后，信息产业再次出现的颠覆性技术革命。学界总结了大数据的四个特征（四个“V”）：Volume（大量）、Velocity（实时）、Variety（多样）、Value（价值）。大数据所表现出来的特征意味着其必然对人们的社会生活带来不可估量的影响，大数据和其他应用领域的结合，必定使传统应用模式发生根本性的突破。即大数据开启了一次重大的时代转型，正在改变人们生活以及理解世界的方式，是新发明和新服务的源泉。从经济组织的角度来说，大数据正重构“组织智慧”。组织通过对大数据信息价值的挖掘，正不可思议地重构组织的经营理念、商业运营模式及服务与产品的功能。

伴随着大数据时代的来临，会计行业既面临着更加激烈的信息供给竞争，又遇到前所未有的机遇，其中既包括支持会计从核算职能向决策职能转型，又包括将会计功能由微观公司治理领域向宏观国家治理领域拓展。

传统会计以核算为主要职能，会计的本质被定义为信息系统。这主要受制于技术的限制，会计只能在一定期间根据有限途径获得的数据进行以报表输出为载体的核算，会计潜在的各项功能，如预测、分析、决策、公司治理等难以在实务中实现，而以数据体量巨大、类型繁多、处理速度快、精准度高为显著特征的大数据技术能够帮助财务管理者破解传统财务软件难以应对的数据分析难题。从企业财务管理的角度分析，大数据为财务人员从“数豆者”向管理会计转型提供了机遇。此前，财务人员通过对数据的分析为管理者提供决策的依据。然而，基于财务报表的数据分析只能为管理者提供有限的信息。

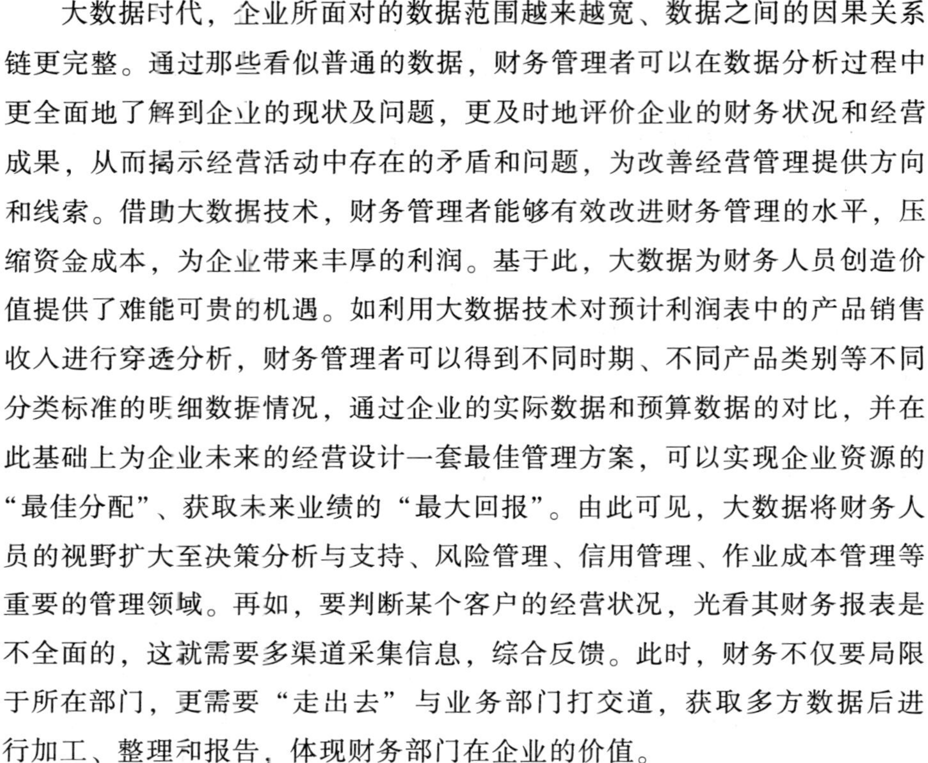

大数据时代，企业所面对的数据范围越来越宽、数据之间的因果关系链更完整。通过那些看似普通的数据，财务管理者可以在数据分析过程中更全面地了解到企业的现状及问题，更及时地评价企业的财务状况和经营成果，从而揭示经营活动中存在的矛盾和问题，为改善经营管理提供方向和线索。借助大数据技术，财务管理者能够有效改进财务管理的水平，压缩资金成本，为企业带来丰厚的利润。基于此，大数据为财务人员创造价值提供了难能可贵的机遇。如利用大数据技术对预计利润表中的产品销售收入进行穿透分析，财务管理者可以得到不同时期、不同产品类别等不同分类标准的明细数据情况，通过企业的实际数据和预算数据的对比，并在此基础上为企业未来的经营设计一套最佳管理方案，可以实现企业资源的“最佳分配”、获取未来业绩的“最大回报”。由此可见，大数据将财务人员的视野扩大至决策分析与支持、风险管理、信用管理、作业成本管理等重要的管理领域。再如，要判断某个客户的经营状况，光看其财务报表是不全面的，这就需要多渠道采集信息，综合反馈。此时，财务不仅要局限于所在部门，更需要“走出去”与业务部门打交道，获取多方数据后进行加工、整理和报告，体现财务部门在企业的价值。

（二）大数据支持会计功能由微观公司治理向宏观资源配置扩展

大数据技术为会计功能扩展提供了一个广阔的空间。长期以来，会计都是在微观公司治理层面发挥作用。不管是从古代会计到现代会计，还是从单式记账到复式记账，会计都是在微观组织中行使核算与监督的职能。大数据时代，会计可以实现组织规模的限制，将核算范围由微观的企业层面扩展到宏观的国家层面，将核算的对象由能用货币计量的有形或无形对象扩展到难以用货币计量的自然资源、文化遗产等方面。从仅仅进行事后核算真实反映历史信息到通过数据挖掘进行国家层面的分析预测，加强行业管理和经济决策。例如，广东省将全省 180 万会计持证人员的信息汇总录入会计管理信息系统，扩大数据收集广度、推进数据挖掘深度、加大数据使用力度。收集、存储、分析数据是发现和提取数据潜在价值的三个必要环节。依托现在的会计管理信息系统，广东省会计处搭建了一个会计从业人员信用体系，详细记录着每一位从业人员的信用状况。那些参与做假账、违法违规的会计人员所有劣迹全部被记入信用档案，并公开曝光，这对于有效推动会计管理意义重大。同时，会计从业资格考试时所需要的辅导资料、注册会计师在年报审计期间关于审计准则的相关注意事项等，均可以通过会计管理信息系统获取。借助大数据平台，广东省为会计人员提供了一个汇集会计信息的大数据库。而吉林省东丰县利用大数据技术，通过搭建"行政事业单位集中财务管理系统"，实现了以"财务支出全监控，会计数据大集中、部门决算自动生成"为特点的财务管理新模式。"大数据"的建立使财务系统数据更加真实，会计核算和监督模式更加规范。

（三）"互联网+会计"有助于解决财政补贴资源配置中的信息不对称

"互联网+会计"是会计理论和会计观念的根本革新，它在集成化会计流程优化的基础上，借助网络技术满足外部信息用户个性化的信息需求，改变以往会计流程的供给导向为需求导向。"互联网+会计"能够将企业的各种生产经营活动和事项的所有信息存储于数据库中，通过互联网连接，允许企业外部信息用户随时得到会计报表及其他所需的信息。"互联网+会计"是一种需求导向的会计流程，它是在会计流程与企业内部各流程集成，顺利满足内部各项需要的基础上，借助于网络技术将组织外部的用户与组织的会计流连接在一起，从而使会计流程更好地发挥价值。Alfred Wagenhofer（2003）概括了互联网对信息价值的推动作用，意味着"互联网+会计"的主要特征是信息几乎能随时随地得到，一般信息成本较低；信息是随时更新的；信息的利用受到极少的限制；信息能通过多媒体动态表达；信息的供应与需求有可能互动。

在互联网技术条件下，信息用户能够很容易从企业网站或其他专门网站上搜寻到企业财务报告，如从1995年起，SEC要求所有上市公司用磁盘、光盘或计算机网络接口向其电子数据收集、分析与检索系统（Electronic Data Gathering，Analysis and Retrieval，EDGAR）提交通用财务报告。中国证监会1999年底要求所有上市公司在互联网上公开披露其1999年度财务报告，上海证券交易所和深圳证券交易所已在2000年4月30日首次成功地实现了959家上市公司1999年度财务报告的网上披露。许多的研究都表明，大多数上市公司现在在自己的网站披露财务信息，近几年披露的水平也得到了很大提高。互联网可能已是信息用户搜集公司财务报告的主要来源。“互联网+会计”通过互联网将企业内外的信息用户联为一体，因而使得会计信息对外部用户来说实现了价值超越，是会计信息生产加工的观念、技术手段的根本性变革，标志着会计发展的一个新时代。

“互联网+会计”通过互联网实现外部用户与会计流程的亲密接触。Internet以统一的TCP/IP协议将全球的计算机连接为一种开放式的网络结构，世界各地的用户均可以方便地加入到Internet中。同时，“互联网+会计”可实现按需定制生产信息。按需定制是指会计流程按照用户的需求将标准财务报表转换成用户需要的形式或事先根据用户的决策类型将用户的信息需求划分为有限个集合，然后由用户选择定制，甚至可以实时为用户生产个性化信息。用户不仅可选择信息内容的不同组合，也可选择信息不同的明细程度，还可以选择报告的不同呈报形式，诸如文字、图文、音频或视频等。

“互联网+会计”解决营利性组织财政补贴决策中信息不对称主要表现在以下几个方面：

1. 可以提供与营利性组织财政补贴决策高度相关的信息

需求导向的会计流程意味着个性化生产时代的到来，除了标准化的会计报表外，借助于互联网和共享信息系统，外部信息用户还可以得到他所需要的其他信息，既包括历史信息，也包括未来信息；既可以是货币性信息，也可以是非货币性信息。用户既可以要求企业会计流程按自己的需求供给信息，授权用户也可以根据需要从企业数据库提取数据自己加工，而使信息与自己的决策完全相关。这种与决策高度相关的信息在非“互联网+会计”中是不可能得到的，在那些流程中，信息用户所需的信息常常因无法精确计量而被拒于会计流程以外。Chandra Kanodia等（2005）发现，会计流程中某种程度的不精确实际上是价值增值的。这个结论意味着大量无法精确计量的信息都可以通过网络传递给信息用户，实现会计价值的提高。“互联网+会计”流程的在线财务报告一改传统财务报告各个组成部分之间的顺序线性结构，代之以在各个组成部分之间建立“信息链接”的相互交叉的网状结构，会计信息用户可以借助“信息链接”主动而迅速地搜寻信息，“信息链接”的建立并不局限于财务信息本身，其范围可以覆盖所有与企业经营有关的方面，包括非货币化信息。所以，在线报告的出现突破了财务报告只提供货币化信息的局限，同时也打破了财务报告与其他企业经营报告之间的界限，使它们成为彼此不可分割的一个整体。同时会计人员可以从数据库中提取不同明细程度的数据，为会计报表使用者提供不同格式、不同反映形式的个性化财务报告。

在“互联网+会计”的情况下，政府部门在对营利性组织财政补贴进行决策时，可以根据补贴决策的需要、根据补贴目的的不同，从补贴申请单位的数据库中获得补贴决策所需要的所有信息，并借助于嵌入信息系统中的决策指标，对补贴对象进行深度分析排序，一方面减少补贴申请者提供申报资料的时间成本，减少政府补贴决策部门甄别信息的成本；另一方面也有助于提高补贴决策的正确性和效率性。

2. 可以适时提供营利性组织财政补贴决策需要的信息

“互联网+会计”流程使用户信息即需即取，不受时间和空间的限制。这是企业内部各流程集成和信息传递方式网络化的共同结果。集成化会计流程使业务数据即时进入企业数据库，即时更新相关余额，网络传输则使最新数据能同步出现在 Internet 网页上。网络时代以光纤作为主要传输介质，可以快速传输数据、文字、声音、图像等内容，具有双向传输、高精度、数字化传输等特征。其传播速度、信息容量及参与性是任何一种传统媒介无法比拟的。借助于此，外部信息用户可以随时通过网络获得所需要的关于组织的任何信息，不存在信息的时滞性问题。

对优化政府财政补贴决策而言，不仅可以利用补贴申请单位的各类信息进行准确、快速的补贴决策，而且可以实现对补贴资金使用情况和使用效果的适时监督，便于及时发现问题，及时纠偏，从而保证补贴目标的顺利实现。

3. 可以以各种形式提供营利性组织财政补贴决策所需要的信息

互联网及企业网页友好的界面，随时提供的网上助手，原汁原味的经济事项，解决了信息用户理解上的困难，而多样化的信息媒体，适合不同素质、不同背景、不同思维方式的用户对信息的理解。信息媒体是用来表示信息的各种符号，多媒体是包括文字、声音、图形、图像、动画、动态影像等多种信息媒体多元、动态、立体的组合，呈现更具综合性、直观性和形象性，克服了纸质介质的静态性、平面化、单一形式的局限。特别是随着音频、视频流技术的运用，可以同时运用视觉、听觉等多种感官全方位地接收信息。

传统会计以货币为计量单位，仅仅将能用货币可靠计量的信息纳入会计核算的对象，并对外提供货币化信息，从而导致许多与决策非常相关的信息无法传达到信息用户。如在财政补贴决策前，政府部门需要相当多的非货币化信息辅助决策，在营利性组织使用补贴资金的过程中，政府需要各类非货币化信息进行事中的监督评价，在补贴资金使用后，政府需要货币化信息和非货币化信息，对营利性组织财政补贴资金使用效果进行评价。借助于“互联网+会计”，这些信息都可以以不同的形式随时获得，从而有助于优化营利性组织财政补贴。

4. 可以提供不同营利性组织的比较信息

各组织标准的财务报告统一按 XBRL 方式在互联网上公布，便于在不同的企业信息间进行对比。XBRL 是一个关于对财务报告和商业报告数据进行及时、准确、高效和经济的存储、处理和重制以及交流的开放式的不局限于特定操作平台的国际标准（布赖恩·伯杰伦，2004）。它的应用不需通过专用数据处理软件，仅需要一般的浏览器便可解读。由于它是以 XML 为基础发展而成，故一份 XBRL 文件可针对每一资料内容的性质定义卷标，搜寻结果更加精确，其可跨平台的优势，更有助于文件的广泛传递。同时，网络化会计的“信息链接”功能便于将信息还原，因而用户在比较不同企业会计信息时可以减轻受企业会计人员职业判断差异的影响。

营利性组织财政补贴决策过程在某种程度上也是一个比较择优的过程。基于补贴资金的稀缺性和竞争性，政府决策部门需要在众多补贴资金申请者中作出选择，以便将补贴资金配置给能产生最大效益、最能实现补贴目的的组织。这就需要有各组织详细的可比信息，“互联网+会计”正好解决了这个需求，它能将不同申请者的数据与决策评价指标结合，科学准确地选择出最佳补贴对象。

5. 可以提供低成本甚至免费的信息

信息生产成本是反映会计价值高低的一个方面，也是阻碍会计信息个性化供给的因素。“互联网+会计”阶段供给信息的边际生产成本、边际储存成本、边际传递成本和边际使用成本越来越低，从而带来会计流程的低成本。例如传统会计流程的输出以纸为介质，通过以报纸为主体的印刷出版物对外发布信息。“互联网+会计”流程以数字代码方式将图文声像等信息媒体存储在磁、光、电等介质上，通过计算机或类似功能的设备来阅读。光电介质所储存的容量是传统印刷介质无法比拟的，可极大地节省储存空间。

总之，“互联网+会计”是一个开放的流程，会计部门可通过网络将会计信息在企业内外部的网页上发布，传递至银行、税务部门、会计师事务所、证券交易所、政府各级部门等机构。授权信息用户也可通过电子联机实时系统（OLRT）进入企业管理系统，选取分析所需的信息。因此，“互联网+会计”流程完全能做到及时、方便、快速、真实、全面地为不同信息用户提供信息，提高预测的准确性，而不必等到月报、年报等分期报告出来之后，才获得不及时的、历史的、经组合的信息，减少做出错误决策的可能性。同时外部用户可以和组织内部管理者得到相同的信息，小股东可以和大股东拥有相同的信息，散户可以和机构投资者拥有基本相同的信息。这样的会计流程减少甚至消除了信息不对称，抑制了内部管理人员的机会主义行为和道德风险，从而有利于资源的优化配置，有利于营利性组织财政补贴决策。

第三节

“互联网+会计”优化营利性组织财政补贴的路径

一、建立服务于政府营利性组织财政补贴的决策支持信息系统

决策支持信息系统（Decision Support System，DSS）是辅助决策者通过数据、模型和知识，以人机交互方式进行半结构化或非结构化决策的计算机应用系统。它是管理信息系统（mis）向更高一级发展而产生的先进信息管理系统。它为决策者提供分析问题、建立模型、模拟决策过程和方案的环境，调用各种信息资源和分析工具，帮助决策者提高决策水平和质量。在政府对营利性组织财政补贴决策中，需要建立政府不同决策目的需要的决策支持系统，建立政府部门与补贴申请者之间的数据传输通道，政府在对营利性组织财政补贴的事前决策、事中控制、事后评价可以得到充分的数据支持和决策辅助方法工具，便于决策的科学性和合理性。

借助决策支持信息系统，营利性组织财政补贴决策的进程一般分为四个步骤：第一，确定决策目标，包括建立决策模型、拟订方案和确定效果度量，这是决策活动的起点。第二，用概率定量地描述每个申请者获取补贴后可能产生的各种结局的可能性。第三，决策人员对各种结局进行定量评价，一般用效用值来定量表示。效用值是有关决策人员根据个人才能、经验、风格以及所处环境条件等因素，对各种结局的价值所做的定量估计。第四，综合分析各方面信息，以最后决定补贴对象和金额标准。有时还要对初步决策结果进行灵敏度分析，研究原始数据发生变化时对补贴对象的影响，决定对决策有较大影响的参量范围。当然，对营利性组织财政补贴决策往往不可能一次完成，而是一个迭代的过程。决策可以借助于计算机决策支持系统来完成，即用计算机来辅助确定目标、拟订方案、分析评价以及模拟验证等工作。在此过程中，可用人机交互方式，由决策人员

提供不同补贴对象的参量并选择最优补贴对象。

决策支持信息系统基本结构主要由四个部分组成，即数据部分、模型部分、推理部分和人机交互部分：数据部分是一个数据库系统，模型部分包括模型库（Mb）及其管理系统（Mbms），推理部分由知识库（Kb）、知识库管理系统（Kbms）和推理机组成，人机交互部分是决策支持系统的人机交互界面，用以接收和检验用户请求，调用系统内部功能软件为决策服务，使模型运行、数据调用和知识推理达到有机统一，有效地解决决策问题。决策支持信息系统经历了一个快速发展的过程。1980 年 Sprague 提出了决策支持系统三部件结构，即对话部件、数据部件、模型部件，明确了决策支持系统的基本组成，极大地推动了决策支持系统的发展。20 世纪 80 年代末 90 年代初，决策支持系统开始与专家系统（Expert System，ES）相结合，形成智能决策支持系统（Intelligent Decision Support System，IDSS）。智能决策支持系统充分发挥了专家系统以知识推理形式解决定性分析问题的特点，又发挥了决策支持系统以模型计算为核心的解决定量分析问题的特点，充分做到了定性分析和定量分析的有机结合，使得解决问题的能力和范围得到了一个极大的发展。智能决策支持系统是决策支持系统发展的一个新阶段。20 世纪 90 年代中期出现了数据仓库（Data Warehouse，DW）、联机分析处理（On-Line Analysis Processing，OLAP）和数据挖掘（Data Mining，DM）新技术，DW+OLAP+DM 逐渐形成新决策支持系统的概念，又称为综合决策支持系统（Synthetic Decision Support System，SDSS）。SDSS 将数据仓库、联机分析处理、数据挖掘、模型库、数据库、知识库结合起来，实现更有效的辅助决策。

由于 Internet 的普及，网络环境的决策支持系统以新的结构形式出现。决策支持系统的决策资源，如数据资源、模型资源、知识资源，将作为共享资源，以服务器的形式在网络上提供并形成共享服务，它利用共享的决策资源（数据、模型、知识）辅助解决各类决策问题，在网络环境下的综合决策支持系统将建立在网格计算的基础上，充分利用网格上的共享决策资源，达到随需应变的决策支持。在政府综合决策信息系统平台下，各营利性组织将数据信息导入系统，让财务数据和业务数据自动生成有用的决策信息，政府营利性组织财政补贴决策者可以在平台上借助各种辅助决策模型和数据进行决策，最大程度上减少主观偏差及各环节可能的暗箱操作，降低各种隐含风险，优化营利性组织财政补贴。

二、将财政补贴决策指标体系植入决策支持信息系统

财政补贴资金属于公共资源，政府将补贴资金拨付企业的根本动因在于企业使用补贴资金的效率优于政府直接使用的效率。且因为补贴资金的稀缺性和竞争性，政府应借助于决策支持信息系统和评判指标作出正确的补贴决策。补贴决策指标既包括补贴对象决策指标，即根据系列指标从若干补贴申请者中择优确立补贴对象及不同补贴对象的补贴金额；也包括补贴资金使用过程中的监控纠偏指标，即营利性组织接受补贴后是否按照补贴申请书和补贴批准要求使用补贴资金，并同步实现预期的效果，目的在于保障最终补贴目标的实现；还包括营利性组织财政补贴使用后总体绩效的评价指标。

营利性组织财政补贴决策指标体系依据不同补贴目的而异。如对重污染行业财政补贴的目的主要是激励企业通过环保投资、技术改进等减少对环境的污染，因此，其评价指标主要是环保设备投入金额、清洁能源使用比例等；如果财政补贴的目的是为了促进企业进行新技术研发，则评价指标侧重于研发投入比重、研发取得新技术新专利数量、高科技产品在营业收入中所占的比重等；如果财政补贴目的是促进某些重要产业的投资发展，则主要考察评价该领域投资规模增长、市场份额增加、在 GDP 中所占比重等。

营利性组织财政补贴的绩效评价指标，既需要有定性的评价，也需要有定量的分析；既需要有前瞻性的指标，也需要有回顾性指标；既需要分项评价，也需要综合评价。唯有如此，才能及时发现财政补贴中需要进一步改进或调整的空间，才能最终实现财政补贴的目标。所以构建恰当的评价指标体系，并将其植入决策支持系统，有利于根据不同补贴目的作出正

确的补贴决策，提高补贴资金的使用效果，实现宏观补贴政策的优化。

三、对补贴资金的使用进行全程实时监控和动态评价

补贴资金拨付到企业后，对补贴资金使用的恰当性、合规性和有效性，政府需要借助决策支持信息系统进行实时的监控和动态的评价，对于不能达到政府财政补贴目的的资金，政府可以及时纠偏。

“互联网+会计”时代，政府依靠营利性组织适时传输到决策支持信息系统的数据，对照植入系统中的不同补贴目的的评价指标，可以及时生成补贴资金，使用其中报表，计算出相应的绩效评价指标，并在同一目的项下不同补贴对象之间实现横向比较，将实际绩效情况与预设目标值进行比较。通过比较，一方面及时了解不同补贴对象使用补贴资金的效果，分析影响补贴资金使用效果的企业层面因素，便于企业及时改进补贴资金的使用形式、监管方式；另一方面便于了解政府制定的补贴资金绩效指标是否恰当，绩效目标是否合适，有利于政府部门完善补贴政策。

对补贴资金的使用进行全程实时监控和评价是决定补贴资金使用绩效的关键环节。在传统的补贴决策和监管时代，政府决策主要依靠补贴资金申请者提供的资料，政府决策环节对其真实性、准确性、全面性进行评价存在各方面的困难，因而难免出现将补贴资金配置给本不应配置的企业，从一开始就注定了补贴资金使用可能低效。在补贴资金使用过程中，因为监管所需要的信息存在及时性、充分性、可靠性等方面的缺陷，难以对所有的补贴资金使用进行过程控制，也就难以保障最终补贴目标的实现。在补贴项目结束后的绩效评价中，也受制于数据资料的全面性，对绩效目标实现程度的评价也存在片面性与不公正的可能。

第四节

"互联网+会计"优化营利性组织财政补贴的制度保障

一、通过信息传输和收集过程中的权利配置保障信息质量

（一）通过权利配置保障信息质量的内在机理

权利配置是指权利的分配和安排，在权利可供选择的各种分配范式中，不同的权利分配方案将产生不同的社会结果，因此，实践中常需要通过对权利的调整和重新安排来改善社会福利。"权利配置"几经演绎，已经由一个法学概念扩展为一个经济学概念，并形成了新制度经济学的产权理论。在产权经济学的研究视野中，产权表面上看是一种法律的物权，实际上是物权背后所体现的人与人之间的行为关系。因此，产权不仅是支配物的权利，更是支配有价值的利益的权利，从而使得用效率原则衡量权利配置具有普遍的适用性。

根据德姆塞茨（1994）、阿尔钦（1994）、E. G. 菲吕博腾和 S. 佩杰威齐（1994）的观点，产权本质上是一组界定人们如何受损或如何受益的权利束，是帮助一个人形成他与其他人进行交易时的合理预期的社会工具。正因为如此，产权必然进入决策者的效用函数，产权制度的安排和变化必然会影响人们的行为方式，而行为方式的改变，则会影响资源配置与产出构成。比如当权责利明确时，人们即可预先知晓其各种经济行为的后果，或受益、或受损，从而采取合理的行为。合适的产权安排是资源得以有效使用和优化配置的先决条件。产权的资源配置功能具体表现在三个方面：①相对于无产权或产权不明晰状况而言，设置产权是对资源的配置，它能减少资源浪费，提高经济效率；②产权的变动会同时改变资源的配置状况；③产权结构影响甚至决定资源配置的调节机制（黄少安，1995）。所以，阿尔钦指出："在本质上，经济学是对稀缺资源产权的研究……一个社会中的

稀缺资源的配置就是对使用资源权利的安排……经济学的问题，或价格如何决定的问题，实质上是产权应如何界定与交换以及应采取怎样的形式的问题。”经济学家对产权本质的剖析意味着产权的不同界定结果将对资源配置产生不同的影响。

保障政府决策信息系统正常运行中涉及各项权利和义务的配置。如果政府决策支持信息系统中政府有权利得到各种信息以优化营利性组织财政补贴决策，则财政补贴的申请者、受补贴对象就有义务实现自身信息系统与政府决策支持信息系统的对接，向政府决策部门适时提供所需要的信息，如果补贴申请者和受补贴企业不能有效配合，则无权取得补贴或可能随时被要求退回补贴资金。所以，通过法律的形式将信息享有权利和信息配置责任作出明确界定，有利于提高补贴决策过程中和补贴资金使用过程中的效率效果。

（二）通过权利配置保障信息质量的可行性

通过权利配置保障信息质量不仅具有技术上的可行性，也具有法律上的可行性。前已述及，在“互联网+会计”的环境下，目前大型企业已经通过财务共享的方式实现全集团数据共享。同时，全国税控系统也实现联网，一些代理记账公司的信息系统，通过与税控系统对接，不仅可以实现对所服务客户的税收“一键申报”，而且可以即时抓取到客户给其他企业开具的发票和客户取得的其他企业的发票，从而对客户的业务进展了如指掌，便于远程即时处理客户的账务，为客户提供各种信息支持。依照此原理，政府决策支持信息系统只要通过法律授权与被补贴对象的信息系统实现对接，就能获取补贴资金申请者和使用者的各项相关信息，保障补贴决策的正确性和监控的及时性。

从法律层面来说，通过以法律形式对营利性组织财政补贴全流程的权利进行配置属于强制性的制度安排。这种制度安排在不同时期、不同技术条件下具有不同的特征。“互联网+会计”时代特征和新公共财政体制的制度背景相结合，有利于通过强制性的制度变迁优化权利配置，使补贴申请者和补贴获得者必须按照补贴条件提供充分的决策信息，实现自身信息系

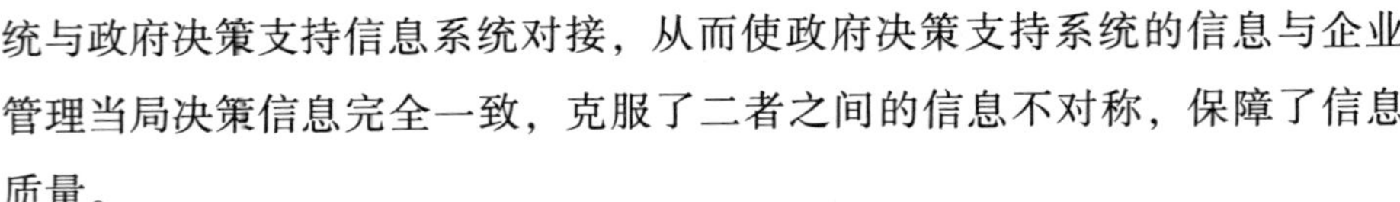

统与政府决策支持信息系统对接，从而使政府决策支持系统的信息与企业管理当局决策信息完全一致，克服了二者之间的信息不对称，保障了信息质量。

（三）通过权利配置保障信息质量的表现

通过权利配置保障信息质量主要表现在提高信息的可靠性和相关性，降低信息成本等方面。

从提高会计信息的可靠性角度来说，因为要求营利性组织信息系统与政府决策支持信息系统对接是法律要求企业必须尽到的义务，言下之意如果提供虚假信息将承担法律责任，因此，具备足够的法律威慑力，可以在很大程度上保障信息的可靠性。从提高会计信息的相关性角度来说，随着信息技术的发展，营利性组织自身信息系统构建越来越强大，功能越来越齐全，各种财务数据和非财务数据均会集中共享，因此，通过信息系统对接，政府相关部门在做营利性组织财政补贴决策时，在对补贴资金使用绩效进行评价时，能及时获得所需要的任何资料，具有高度的相关性。“互联网+会计”技术条件下，信息几乎可以实现零成本传输和共享，给政府及其相关决策和监管部门提供信息不会增加营利性组织的信息成本。

二、建立规范透明的政府补贴决策制度

从西方国家的财政补贴制度来看，总体上制度比较完善，透明性比较高。政府首先对补贴进行立项，然后企业提出申请，并接受严格的审批。在获得补贴之后，其使用情况还需要接受政府的监督。日本的行业扶持政策具有鲜明的特点，它注重将政策立法化，这不仅仅使得补贴制度有法可依，也使得补贴透明化。在我国建立规范透明的政府补贴制度需强调以下几点：

（一）建立合理高效的补贴流程

财政补贴是权力和利益集中的领域，财政补贴流程是权力和利益分配的过程，直接关系到社会经济利益在不同组织和群体之间的重新分配，关

系到社会资源的配置。如果从补贴项目的确立到补贴对象的确定，再到补贴资金的拨付和最后补贴效果的评价都集中在政府某一部门或某个人手中，势必使权力缺乏监督和约束而产生设租寻租现象，使得财政补贴资金成为某些政府官员犯罪的温床，最终导致财政列收列支的意图部分甚至完全落空。在财政补贴决策中，作为补贴决策者的政府官员，一方面因“经济人”特征有其自身利益，追求自身效益最大化，可能与公共利益有一定程度的偏离；另一方面，政府官员也是“有限理性”的，不能保证所有的决策与行为都是帕累托最优。思想家孟德斯鸠曾说过：“一切有权力的人都容易滥用权力，这是万古不易的一条经验。有权力的人们使用权力一直到遇到有界限的地方才休止。”美国总统华盛顿在处理权力配置问题时也强调“……行使政治权力时，必须把权力分开并分配给各个不同的受托人以便互相制约。”按照分权思想，各权力部门之间应建立一种相互平衡与相互制约的关系，以限制某部分权力过分膨胀，造成对国家和民众的侵害。对政府财政补贴来说，则要求建立合理的补贴流程，对各个环节进行合理分工，如补贴项目的确立、补贴项目的审批、补贴项目资金的拨付、补贴资金使用的监督和考评等应由不同的人员和不同程序完成。在补贴各环节和各流程中，相关部门应该制定明确的补贴制度和程序，公开组织项目、严格审查资料、科学评估论证。明确规定什么条件下可以补贴、补贴多少、补贴程序以及怎样规范和管理补贴。还可以成立“评审工作领导小组”，成立专家库，制定专家评审管理办法、评审行为规范等规章制度，坚持“公开、公正、公平”的原则。总之，应以完善的制度约束决策者和受补贴者的行为，促进公共资源的优化配置。

（二）动态调整确立重点补贴对象

政府财政补贴的重点补贴对象不是一成不变的，需要根据条件的变化进行动态调整，调整时主要考虑政府的基本职能和目标。通常来说，发展地方经济、扩大就业和提高当地居民整体福利是政府部门追求的重要目标。但在不同的时期，不同的企业组织对政府实现其目标的贡献程度是不一样的，因此，要求政府根据产业结构的调整和经济发展的水平确立不同时期的重点补贴对象。比如现阶段农业是我国的弱质行业，虽然对国家财政收入和社会捐助的整体贡献较小，但却吸纳着地方大量的劳动力就业，甚至解决了大部分人的生存问题，因此该行业在农业大省尤其应该是政府财政补贴的重点，借助政府补贴让农业产业由劳动力密集、低附加值的特点逐步向技术性、高附加值转变。再如一些关系国计民生的具有很大边际外部正效用的“教育、医疗”等领域和研发等项目的财政补贴，激励这些行业供给产品的积极性。尤其是对于经过可行性论证的研发项目进行补贴，可以提供地区甚至整个国家的生产力水平。

（三）调整财政补贴的结构和方式

财政补贴的形式多样，效果必然不可能等同。采取何种补贴形式，拨付货币性资金、税收返还、技改资金还是研发补贴，政府在选择时要考虑企业的实际情况和补贴预期效应。财政补贴对企业并不都是有效的，因此也有必要选择合理的补贴方式。对企业的技术研发活动而言，政府的事后补贴比事前补贴更有效，对于行业发展生命周期的各阶段采取不同的补贴方式。在这方面有成功经验可以借鉴，例如上海宝山区顾村镇工业园区政府曾出台《顾村镇关于促进就业的若干措施》，明确规定对招聘本地劳动力的企业给予奖励和补贴，只要企业招聘本镇的富余劳动力、城镇失业人员等求职者，企业可以按每人每月 200 元的标准获得镇财政补贴，招募人员达 30 人以上者，政府一次性给予奖励 1 万元。这种补贴方案从短期来看既减轻了政府对无业人员提供生活保障的负担，又在降低企业聘用人员成本的同时稳定了企业的员工队伍，提高了员工的整体素质。从长期来看，即使将来政府取消该补贴，企业也会因为员工的熟练程度和工作技能而留用职工，从而使财政补贴取得了长期稳定的绩效。

三、建立营利性组织财政补贴的全流程审计制度

财政补贴审计的重要性已逐步成为公众共识，Good Job Frist 研究机构（2002）倡导必须对政府补贴实施频繁的审计，以改变政府补贴项目缺乏严格的监督和管理，缺乏足够的使用效率的状况。部分国家也开始在实践中加强对政府补贴的审计，如澳大利亚和新西兰要求所有享受政府拨款与政

府补贴的机构，不仅需同时提供按会计准则编制的财务报表和按审计署公布的绩效标准编制的“非财务的”绩效报告，而且实行严格而公开的审计制度。澳大利亚与新西兰为审计而花费的人力与财力逐年增长，审计范围越来越大，被审计的机构越来越多，审计在规范政府补贴方面的作用越来越得到公众认可。

目前，我国规范财政补贴运作、加强财政补贴监管的呼声越来越高，行动越来越落到实处。如 2007 年财政部颁布了《节能技术改造财政奖励资金管理暂行办法》的规定，凡是享受节能奖励的企业都要将节能技术改造项目的能耗和预计取得的节能量向政府报告，由政府委托专门的节能量审核机构对企业节能报告进行审计。但从财政补贴审计目的和实务来看，亟待从两个方面加以完善：一是财政补贴审计应实行全流程审计；二是将评价补贴资金的使用绩效确定为财政补贴审计的重点。

（一）政府补贴信息的公开透明性审计

我国政府对企业组织财政补贴项目繁多，但许多补贴项目都是内部消息，一般只有在受补贴组织公开财务报告后才能见到补贴的类型和细节。政府补贴从企业组织角度定性是企业组织从政府无偿获得的货币资产和非货币资产。从政府的角度虽然不是国家作为财产所有者代表对企业组织的投资行为，但实质是政府作为社会管理者的一种“投资”行为，希望通过财政补贴实现政府的某些目标，所以从帕累托最优出发，政府应将公共资金补贴给最能实现政府目标的企业组织。因此，政府补贴应该在补贴项目、申报条件和程序、申报时间、资金使用要求和预期达到目标等方面充分公开，以吸引能充分实现政府补贴目的的组织参与政府补贴的竞争过程，唯有如此才能降低政府与企业组织之间的信息不对称，克服补贴过程中的逆向选择和道德风险。另外，“阳光是最好的消毒剂”，政府补贴只有透明公开，才能尽可能减少补贴过程的权力设租和寻租现象，才能满足纳税人了解公共资源使用途径和结果的知情权。因此，享受财政补贴的企业组织和财政补贴机构，有义务保证信息传递的及时性与准确性，并对信息传递滞后与失真承担责任。对补贴程序公开透明度审计，就是检查和评价享受财政拨款的企业组织和财政补贴机构是否通过会议、宣传材料、信息处理系统、网络等途径公开政府补贴的相关细节，将公共资金的使用从源头开始纳入审计部门和社会公众的监督之中。

（二）政府补贴决策合规竞争性审计

对于任何一个社会来说，政府补贴总是稀缺资源，它的供给永远无法满足需求，所以无偿的政府补贴具有私人物品的竞争性和排他性。对申报者的补贴决策直接决定了社会资源的配置模式，决定了补贴目标的可实现程度，甚至也决定了市场竞争的公平性。因此，决策者必须按照事先制定的规则对申报补贴的企业组织进行全面考察和仔细筛选，确定最有利于社会整体福利提高的企业组织实施补贴，以扩大补贴的受益面，充分有效地利用纳税人的资源。基于此，财政补贴审计应该关注各级政府补贴决策是否有既定的规范与合理的程序，是否严格按照既定程序进行审批，决策过程中是否存在设租问题，是否通过某些途径让社会公众了解和参与补贴决策。

（三）政府补贴资金使用的过程管理和监控审计

政府补贴从形式上表现为无偿拨付，但实际上具有明确目的和回报要求，政府部门担负高效支配纳税人的资源为纳税人创造更多财富的义务。因此，政府补贴发放到企业组织后，决策者负有监督补贴资金使用的义务，即对企业组织如何使用补贴资金进行全程管理和监控。因此，在对补贴资金进行审计时，首先要审查对各项补贴是否有相应的管理制度和控制办法，其次再通过收集相应证据判断政府部门是否按照相关制度的要求进行补贴资金的全程管理和监控。

政府补贴资金使用过程审计的范围除了政府事权部门以外，还需要延伸到各企业组织。在现实当中，不乏企业组织在得到政府补贴后随意改变资金用途或不追求资金使用效益的行为。例如，为了降低出口企业货款回收风险，政府鼓励出口企业购买出口信用保险，并按照保费的一定比例给予补贴。但少数出口企业在投保并得到政府补贴后，可能出现催收款项不力的现象，从而导致出口信用保险市场的“柠檬现象”和政府补贴的无效率。因此，对企业组织政府补贴审计时应收集充分适当的审计证据评判企业组织是否按照有关规定合理有效地使用补贴资金，是否按照企业会计准则的有关要求及时核算财政补贴的取得、使用和返还，是否按照有关政策和文件的要求及时报送各项信息，并保证信息的真实可靠。

（四）强化企业组织财政补贴的绩效审计制度

政府对企业组织的补贴往往是决策者做出决策，给出资金，至于事后的补贴资金效果如何以及企业怎样使用补贴资金，是否达成既定收益目标就很少关注了。接受补贴的企业可能出现各种各样的违规行为，经济环境、条件和信息也会发生变化，政府应该采取相应的措施以作应变，保护公共利益。及时进行补贴资金绩效审计和监管，不仅是保护补贴资金的好方法，也是保护地方公共利益的良方。

维萨（2006）指出，绩效评价与审计是一种确认浪费和诈骗的工具，能够提供预防控制系统。根据他的观点，绩效主要体现在六个方面：有效性——做该做的事情；高效性——用最好的方法做事情；经济性——花最少的钱做好事情；公平性——做得合理，体现公平原则；适宜性（相关性）——代表社会的真正需要；可持续性（持久性）——产出的持续影响和效果的持久性。政府补贴之所以需要绩效审计是因为政府补贴资金来源于全部纳税人，是公共财产，将用于供给公共物品的资金作为补贴发放给企业组织是政府的一种“投资”行为，理应评价这种投资的效益性。因此，企业组织得到政府补贴后，不仅补贴决策部门和审计部门需监督补贴资金的使用范围和使用方式，更需对补贴资金的使用效果进行评价，实施对政府财政补贴的绩效审计。

对企业组织财政补贴绩效审计的主要方法是运用经济学的“成本—收益”分析方法，通过比较政府补贴成本和收益之间的关系确定政府补贴资金的使用效益。政府财政补贴的成本包括：①机会成本。即政府将财政收入用于企业组织补贴而必然减少在公共产品方面投资，由此带来的福利损失是企业组织财政补贴的机会成本。②干预市场的社会成本。政府由于财力有限，只能选择某些行业的某些组织进行补贴，可能降低受补贴组织的

成本从而获得竞争优势，但与此同时，其他受负面影响的组织失败可能对政府目标产生不利影响。③代理成本。政府补贴往往是由政府的代理人——政府官员作出的决策，难以完全避免在政府官员与企业组织之间存在的设租和寻租关系，由此导致公共利益流失或无效率。

当然，对政府财政补贴绩效实施审计评价是一项难度较大的工作。首先，因为政府补贴绩效具有不确定性的特点，这种不确定性来自企业经营、技术改造、研究开发本身具有的风险。因此，如果不具体分析各种因素，而简单地将技术改造失败或研究开发失败归结为政府补贴绩效低下，显然也不利于国家科技进步。其次，财政补贴是一个系统过程，存在多种原因和多重目的，决定了不同类型补贴的绩效评价标准不同，没有单一的、放之四海而皆准的评价方式，也不是所有的绩效都能用量化的指标衡量。最后，政府补贴绩效还具有可持续性的特点，评价时不仅需关注当期效益，更需用发展的眼光关注补贴绩效的可持续性，不同补贴的收益期不同，如技术补贴使企业获得长期的竞争优势，政府从中长期受益，而对亏损的补贴或上市公司壳资源的保护，则只能在短期内减少社会波动、减少大量职工失业对社会经济冲击的作用。

正因为财政补贴绩效评价的复杂性和特殊性，本书以平衡计分卡为框架，以管理学、经济学有关理论为指导，设计了一套包括四个维度、14 个类别、50 项具体指标的评价体系，从社会维度、财务维度、内部经营流程维度、学习与成长维度分别考虑如何检验财政补贴绩效。审计部门可以针对政府补贴不同企业的不同目的，分别以其中一类或几类指标为考核重点，评价营利性组织财政补贴绩效。

四、贯彻营利性组织财政补贴信息披露制度

营利性组织财政补贴信息披露制度是透明规范的补贴制度的延伸，通过对补贴决策过程、补贴资金使用情况和使用绩效的披露，便于社会公众监督公共资金的使用情况，提供公共资金的使用效率。贯彻企业组织财政补贴信息披露制度，要求受补贴企业严格按照会计准则的要求核算财政补

贴，也要求相关各方对与补贴有关的信息进行充分披露。

（一）严格按照财政补贴准则进行会计核算

从营利性组织的角度来看，财政补贴会计核算的随意性和不规范性相当普遍。客观上讲，财政补贴形式的多样造成了实务上会计核算的混乱，如会计处理方法的不统一和职业判断的空间较大，补贴收入科目核算的内容庞杂和随意，使得财政补贴成了一些企业操纵利润的温床。财政补贴设立的目的主要是为发挥政策的导向作用，实现资源的有效和公平配置，更好促进行业和企业的发展。然而，财政补贴随意及其会计核算的不规范，给那些处于亏损边缘的公司和处于配股边缘的上市公司无限的盈余操纵空间，进而导致资本市场资源的无效配置和不公平竞争，违背了财政补贴的初衷。

2006 年，财政部颁布了新的企业会计准则，其中新财政补贴准则取消了财政补贴核算的资本法，要求全部采用收益法核算。这种规范增加了政府补贴信息的充分披露和可比性，有利于社会监督和评价绩效。但是新企业会计准则目前只在上市公司强制执行和大中型企业推广执行，对于大量的中小企业尚无执行该套准则的要求。因此，为了规范所有企业组织财政补贴的核算，可以要求中小企业在财政补贴项目上按照新会计准则的要求进行核算。

（二）定期全面公布企业组织财政补贴相关信息

政府应该公开对本地企业组织的补贴详细情况，将补贴的对象、规模、目的、使用情况和使用绩效进行公布，增加透明度，在政府收支报告中详细记载对企业组织的补贴情况，让社会了解和参与政府对企业组织补贴的决策，以减少公共利益的损失，增加公共福利。

参考文献

［1］ A. C. Pigou. The Economic of Welfare ［M］. Macmillan company Ltd, 1912.

［2］ Adhikari A. , Derashid C. and Zhang H. Public Policy, Political Connections, and Effective Tax Rates: Longitudinal Evidence from Malaysia ［J］. Journal of Accounting and Public Policy, 2006 (25): 574-595.

［3］ Allen F. , Chakrabarti R. , De S. Financing firms in India ［J］. Journal of Financial Intermediation, 2012, 21 (3): 409-445.

［4］ Andrei Shleifer, Robert W. Vishny. Politicians and Firms ［J］. The Journal of Economics, 1994, 109 (4): 995-1025.

［5］ April Klein, Carol A. Marquardt. Fundamentals of Accounting Losses ［J］. The Accounting Review, 2006, 81 (1): 179-206.

［6］ Armstrong H. W. Regional Selective Assistance: Is the Spend Enough and Is It Targeting the Right Places? ［J］. Reg Studies, 2004 (35): 247-257.

［7］ Bergstrom F. Capital Subsidies and the Performance of Firms ［J］. Small Business Economics, 2000, 14 (3): 183-193.

［8］ Burns J. , Edwards L. , Pauw K. Wage Subsidies to Combat Unemployment and Poverty: Assessing South Africas Options ［J］. Working Paper Series, 2010, 8 (6): 45-70.

［9］ Bo, Carlsson. Industry Subsidies in Sweden: Macro-economic Effects and an International Comparison ［J］. The Journal of Industrial Economic, 1983 (9): 1-23.

［10］ Carmignani A, D' Ignazio A. Financial Subsidies and Bank Lending:

Substitutes Or Complements: Micro Level Evidence from Italy [M]. Banca d' Italia, 2011.

[11] Chen X., C. W. J. Lee, J. Li. Chinese Tango: Government Assisted Earnings. Management [D]. Working Paper Tsinghua University, 2003.

[12] Czarnitzki D., Toole A. Business R&D and the Interplay of R&D Subsidies and Product Market Uncertainty [J]. Review of Industrial Organization, 2007, 31 (3): 169-181.

[13] Czarnitzki D., Bento C. L. Evaluation of Public R&D Policies: A Cross-country Comparison [J]. World Review of Science, Technology and Sustainable Development, 2012, 9 (2): 254-282.

[14] Dimitris, Skuras, Kostas, Tsekouras, Efthalia, Dimara, Dimitris, Tzelepis. The Effects of Regional Capital Subsidies on Productivity Growth: A Case Study of the Greek Food and Beverage Manufacturing Industry [J]. Journal of Regional Science, 2006, 46 (3): 355-356.

[15] Faccio, M. Politically Connected Firms [J]. American Economic Review, 2006 (96): 369-386.

[16] Fisman, Raymond. Estimating the Value of Political Connections [J]. American Economic Review, 2001 (91): 1095-1102.

[17] Friedman, M. The Counter-Revolution in Monetary Theory [R]. Institute of Economic Affairs, 1970.

[18] Gilbert G., Rocaboy Y. The Central Government Grant Allocation Problem in the Presence of Misrepresentation and Cheating [J]. Economics of Governance, 2004 (5): 137-147.

[19] Good Job Frist. Shopping for Subsidies: How Wal-mart Uses Taxpay Money to Finance its Never-ending Growth [Z]. 2002 (5).

[20] Good Job Frist. Minding the Candy Store: State Audits of Economic Development [Z]. 2002 (9).

[21] Harris. The Employment Creation Effects of Factor Subsidies: Some

Estimates for Northern Ireland Manufacturing Industry 1955-1983 [J]. Journal of Regional Science, 1991 (31): 49-64.

[22] Harris R., Trainor M. Capital Subsidies and Their Impact on Total Factor Productivity: Firm-level Evidence from Northern Ireland [J]. Journal of Regional Science, 2005 (2): 49-74.

[23] Humphries Jr, W. C.. Cash Government Grants vs. Tax Incentives [J]. Forest Landowner, 2003, 62 (9): 50-51.

[24] Huizhong, Zhou. Implication of Interjurisdictional Competition in Transition: The Case of the Chinese Tobacco Industry [J]. Journal of Comparative Economics, 2001 (29): 158-182.

[25] International Encyclopedia of Social Sciences, The Macmillan Company [J]. The Free Press, New York, 1968 (15): 364

[26] Joint Economics Committee. The Economic of Federal Subsidy Programs, Staff Study, Part2, US Government Printing Office [Z]. Washington DC, 1972: 178.

[27] Jerkins, Leicht, Jaynes, A. Do High Technology Policies Work? High Technology Industry Employment Growth in U. S. Metropolitan Areas 1988-1998 [J]. Social Forces, 2006, 85 (9): 267-296.

[28] Jay Pil Choi, Marcel Thum. The Economics of Politically Connected Firms [J]. International Tax and Public Finance, 2006, 16 (5): 605-620.

[29] J. Craig Jenkins, Kevin T. Leicht, Arthur Jaynes, A. Do High Technology Policies Work? High Technology Industry Employment Growth in U. S. Metropolitan Areas 1988-1998 [J]. Social Forces, 2006, 85 (9): 267-296.

[30] Klaus Wallne. Implicit Contracts between Regulator and Industry: Protection and Deregulation in Japanese Casualty Insurance [J]. Japan and the World Economy, 2002, 14 (12): 379-400.

[31] Koski H, Pajarinen M. The Role of Business Subsidies in Job Creation of Start-ups, Gazelles and Incumbents [J]. Small Business Economics, 2012, 6

(41): 195-214.

[32] Li, H., L. Meng, Q. Wang and L. Zhou. Political Connections. Finance and Firm Performance: Evidence from Chinese Private Firms [J]. Journal of Development Economics, 2012, 87 (2): 283-299.

[33] Martin Feldstein, James Rbined Jr. and R. Glenn Hubbard. Tax Planning, Timing Eeeects and the Impact or Repatriation Taxes on Dividend Remittance in Taxing Coorporations [J]. National Bureau of Economic Reaearch, 1998, 18 (11): 56-70.

[34] Merritt B. Heller, Michael. A Lessons From Fiascos in Russian Corporate Governance [R]. Working Paper, William Davidson Institute, University of Michigan Business School, 1999 (282).

[35] Patrick, Dever, Jr. Reforming Subsidies in the Federal Budget [J]. Federal Subsidy Reform, 2012 (23): 132-133.

[36] Spencem. Cost Reduction, Competition, and Industry Performance [J]. Econometrica, 1984, 52 (1): 101-122.

[37] Sourafel Girma, Holger Gorg, Eric Strobls. The effect of Government Grants on Plant Level Productivity [J] . Economics Letters, 2007 (94): 439-444.

[38] Teresa Garcia - Mila, Therese J. McGuire. Do Interregional Transfers Improve the Economic Performance of Poor Regions? [J]. The Case of Spain. International Tax and Public Finance, 2001 (5).

[39] Tzelepis, Skuras. The Effects of Regional Capital Subsidies on Firm Performance: An Empirical Study [J]. Journal of Small Business and Enterprise Development, 2004 (11): 121-129.

[40] Wallner, K. Implicit Contracts between Regulator and Industry: Protection and Deregulation in Japanese Casualty Insurance [J]. Japan and the World Economy, 2002, 14 (12): 379-400.

[41] Wren, C. Waterson. The Direct Employment Effects of Financial Assistance to Industry [J]. Oxford Economic Paper, 1991 (43): 116-138.

[42] Xiao, Chen, Chi-Wen, Jevons, Lee, Jing, Li. Chinese Tango: Government Assisted Earnings Management [J]. Journal of Accounting and Public Policy, 2003 (12): 1-38.

[43] Xiao, Chen, Chi-Wen, Jevons, Lee, Jing, Li. Government Assisted Earnings Management in China [J]. Journal of Accounting and Public Policy, 2012 (27): 262-274.

[44] Yuan Q. Public Governance, Political Connectedness and CEO Turnover: Evidence From Chinese State-owned Enterprises [R]. Working paper, 2012.

[45] 安体富. 中国转移支付制度：现状、问题、改革建议 [J]. 财政研究，2007 (1): 2-5.

[46] 安同良，周绍东，皮建才. R&D 补贴对中国企业自主创新的激励效应 [J]. 经济研究，2009 (10): 88-99, 121.

[47] 白景明. 如何构建政府绩效评价体系 [J]. 财经论丛，2005 (3): 40-44.

[48] 白玉坤. 财政补贴对新能源行业上市公司扶持效率研究 [D]. 财政部财政科学研究所，2012.

[49] 步丹璐，郁智. 财政补贴给了谁：分布特征实证分析——基于 2007~2010 年中国上市公司的相关数据 [J]. 财经研究，2012 (8): 58-63.

[50] C. B. 维萨，P. W. 艾瑞斯莫斯. 公共财政管理学 [M]. 北京：经济科学出版社，2006.

[51] 财政部会计司. 企业会计准则应用指南 [M]. 北京：中国财政经济出版社，2006.

[52] 陈冬华. 地方政府、公司治理与补贴收入——来自我国证券市场的经验证据 [J]. 财经研究，2003 (9): 15-21.

[53] 陈共. 财政学（第七版） [M]. 北京：中国人民大学出版社，2012.

[54] 陈运森，朱松. 政治关系、制度环境与上市公司资本投资 [J]. 财经研究，2009 (12): 29-41.

[55] 陈晓，李静．地方政府财政行为在提升上市公司业绩中的作用分析［J］．会计研究，2001（12）：20-28，64.

[56] 程华，赵祥．企业规模、研发强度、资助强度与政府科技资助的绩效关系研究——基于浙江民营科技企业的实证研究［J］．科研管理，2012（2）：39-45.

[57] 崔维．财政对企业补贴的经济影响模型［J］．中央财政金融学院学报，1994（5）：18-22.

[58] 崔学刚．上市公司财务信息披露：政府功能与角色定位［J］．会计研究，2004（1）：35-40.

[59] 戴小勇．财政补贴政策对企业研发投入的门槛效应［J］．科研管理，2014（6）：68-76.

[60] 邓子基．我所理解的公共财政［N］．中国财经报，1999-03-26.

[61] 董书礼．新兴技术商业化与政府作用［J］．中国科技论坛，2012（5）：17-20.

[62] 杜兴强，郭剑花，雷宇．政治联系方式与民营上市公司业绩："政府干预"抑或"关系"［J］．金融研究，2009（11）：89-99.

[63] 樊纲，王小鲁，朱恒鹏．中国市场化指数——各地区市场化相对进程2006年度报告［M］．北京：经济科学出版社，2007.

[64] 冯俏彬，张明，周雪飞．我国财政监督向何处去？［J］．财贸经济，2012（9）：70-75，130-131.

[65] 高培勇．公共财政：概念界说与演变脉络——兼论中国财政改革30年的基本轨迹［J］．经济研究，2012（12）：5-17.

[66] 高玉强．农机购置补贴与财政支农支出的传导机制有效性——基于省际面板数据的经验分析［J］．财贸经济，2010（4）：69-76.

[67] 龚小凤．地方政府与上市公司盈余管理——非经常性损益出台后的影响［J］．华东经济管理，2006（2）：121-126.

[68] 顾善慕．论地方政府对地方企业的财政补贴问题［J］．学术交流（11）：120-123.

［69］顾元媛，沈坤荣．地方政府行为与企业研发投入——基于中国省际面板数据的实证分析［J］．中国工业经济，2012（10）：79-90.

［70］郭本海，黄良义，刘思峰．基于“政府—企业”间委托代理关系的节能激励机制［J］．中国人口·资源与环境，2013（8）：160-164.

［71］郭剑花，杜兴强．政治联系、预算软约束与财政补贴的配置效率——基于中国民营上市公司的经验研究［J］．金融研究，2011（2）：118-132.

［72］华盛顿．华盛顿选集［M］．北京：商务印书馆，1983.

［73］黄丽华，张丽兵．德国鲁尔区老工业基地改造过程中政府作用分析［J］．哈尔滨工业大学学报，2005（6）：99-102.

［74］侯远长．科学发展观理论体系研究［J］．中州学刊，2009（5）：40-45.

［75］姜宁，黄万．政府补贴对企业 R&D 投入的影响——基于我国高技术产业的实证研究［J］．科学学与科学技术管理，2010（7）：30-35.

［76］蒋恩平．地方财政补贴与上市公司盈余管理研究［J］．商业会计，2013（14）：108-110.

［77］卡尔·马克思．哥达纲领批判［M］．北京：人民出版社，1992.

［78］柯武刚，史漫飞．制度经济学［M］．北京：商务印书馆，2000.

［79］李白冰．税收和财政补贴与企业行为［J］．北京理工大学学报，1995（1）：29-33.

［80］李楠，于金．政府环保政策对企业技术创新的影响［J］．世界科技研究与发展，2016（5）：932-936.

［81］李扬．财政补贴经济分析［M］．上海：上海三联书店，1990.

［82］梁彤缨，冯莉，陈修德．税式支出、财政补贴对研发投入的影响研究［J］．软科学，2012（5）：36-39，54.

［83］林伯强，蒋竺均，林静．有目标的电价补贴有助于能源公平和效率［J］．金融研究，2009（11）：5-22.

［84］刘汉屏，刘锡田．地方政府竞争：分权，公共物品和制度创新［J］．改革，2003（6）：23-28.

[85] 刘浩．上市公司财政补贴的会计规范［N］．证券市场导报，2002（7）：38-41.

[86] 刘尚希，邢丽．中国财政改革 30 年：历史与逻辑的勾画［J］．中央财经大学学报，2012（3）：3-11.

[87] 刘晓萍．促进节能环保产业发展的财税政策研究［D］．东北财经大学，2010.

[88] 吕久琴．财政补贴影响因素的行业和企业特征［J］．上海管理科学，2010（4）：108-114.

[89] 吕久琴，郁丹丹．政府科研创新补助与企业研发投入：挤出、替代还是激励［J］．中国科技论坛，2011（8）：23-30.

[90] 逯东，孟子平，杨丹．政府补贴、成长性和亏损公司定价［J］．南开管理评论，2010（2）：99-106.

[91] 吕荣胜，马广蔚，闫越．低碳经济背景下节能减排管理政企博弈分析［J］．武汉理工大学学报（社会科学版），2013（2）：214-218.

[92] 罗党论，刘晓龙．政治关系、进入壁垒与企业绩效——来自中国民营上市公司的经验数据［J］．管理世界，2009（5）：104-113.

[93] 罗党论，唐清泉．中国民营上市公司的制度环境与绩效问题研究［J］．经济研究，2009（2）：106-118.

[94] 马兹晖．中国地方财政收入与支出［J］．管理世界，2012（3）：46-54，63，192-193.

[95] 孟德斯鸠．论法的精神［M］．北京：商务印书馆，1961.

[96] 米尔顿·弗里德曼．价格理论［M］．北京：中信出版社，2006.

[97] 潘明星，韩丽华．政府经济学（第二版）［M］．北京：中国人民大学出版社，2012.

[98] 潘越，戴亦一，李财喜．政治关联与财务困境公司的财政补贴——来自中国 ST 公司的经验证据［J］．南开管理评论，2009（5）：8-19.

[99] 彭熠，胡剑锋．财税补贴优惠政策与农业上市公司经营绩效［J］．四川大学学报，2009（3）：86-94.

[100] 让—雅克·拉丰，让·梯若尔．政府采购与规制中的激励理论（中译本）[M]．上海：上海三联书店，上海人民出版社，2004.

[101] 申香华．营利性组织财政补贴的成长性倾向及其反哺效应——基于2003年~2006年河南省上市公司的研究 [J]．经济经纬，2010（5）：115-119.

[102] 申香华．成长空间、盈亏状况与营利性组织财政补贴绩效——基于2003~2006年河南省和江苏省上市公司的比较研究 [J]．财贸经济，2010（9）：64-69.

[103] 申香华．营利性组织财政补贴审计制度研究 [J]．财会通讯，2009（21）：63-65.

[104] 单荣兰．上市公司财政补贴影响因素及经济后果实证研究 [D]．新疆财经大学，2010.

[105] 沈晓明，谭再刚，伍朝晖．补贴政策对农业上市公司的影响与调整 [J]．中国农村经济，2002（6）：21-24.

[106] 盛敏．ST公司财政补贴“救急不救穷” [N]．证券时报，2005-08.

[107] 史璐．寻租理论综述及其实践意义 [J]．法制与社会，2015（12）：274-275.

[108] 宋则行，汪祥春．社会主义经济调节概论 [M]．沈阳：辽宁大学出版社，1986.

[109] 孙洁．财政补贴类项目的绩效评价 [J]．地方财政研究，2010（2）：46-49.

[110] 孙亦军．对发展低碳经济的财政补贴政策研究 [J]．财政研究，2010（4）：59-60.

[111] 唐清泉，罗党论．政府补贴动机及其效果的实证研究——来自中国上市公司的经验证据 [J]．金融研究，2007（6）：153-167.

[112] 田淑英，董玮，许文立．环保财政支出、政府环境偏好与政策效应——基于省际工业污染数据的实证分析 [J]．经济问题探索，2016

(7): 14-21.

[113] 王凤祥，陈柳钦. 地方政府为本地竞争性企业提供财政补贴的理性思考 [J]. 经济研究参考，2006 (33): 18-23.

[114] 王骏. 新能源发展研究 [J]. 电网与清洁能源，2011 (12): 7-13.

[115] 王鹏，谢丽文. 污染治理投资、企业技术创新与污染治理效率 [J]. 中国人口·资源与环境，2014 (9): 51-58.

[116] 王守坤，任保平. 中国省级政府间财政竞争效应的识别与解析：1978~2006 [J]. 管理世界，2012 (11): 39-50，194.

[117] 王燕娜. 财政补贴的行业公平问题研究 [D]. 湖南大学，2007.

[118] 魏志华. 寻租、财政补贴与公司成长性——来自新能源概念类上市公司的实证证据 [J]. 政府经济管理，2015 (1): 1-11.

[119] 吴疆. 新能源发展的基本动因与主要方向 [J]. 中国能源，2010 (6): 14-17.

[120] 解维敏，唐清泉，陆姗姗. 政府 R&D 资助，企业 R&D 支出与自主创新——来自中国上市公司的经验证据 [J]. 金融研究，2009 (6): 86-99.

[121] 谢旭轩，王仲颖，高虎. 先进国家可再生能源发展补贴政策动向及对我国的启示 [J]. 中国能源，2013 (8): 18-22.

[122] 杨瑾淑，罗炜阳. 补贴收入与上市公司股权结构相互关系的实证研究 [J]. 集团经济研究，2006 (1): 138-139.

[123] 余明桂，回雅甫，潘红波. 政治联系、寻租与地方政府财政补贴有效性 [J]. 经济研究，2010 (3): 67-79.

[124] 俞乔. 政治控制、财政补贴与道德风险：国有银行不良资产的理论模型 [J]. 经济研究，2009 (6): 74-83，159.

[125] 于永辉. 加强财政补贴资金管理的几点体会 [J]. 农业发展与金融，2010 (3): 80-81.

[126] 赵书新，欧国立. 信息不对称条件下财政支持环保产业的效果与策略 [J]. 郑州大学学报（哲学社会科学版），2009 (7): 144-146.

[127] 张国有. 对中国新能源产业发展的战略思考 [J]. 经济与管理研

究，2009（11）：7-11.

［128］张晖，倪桂萍．财政补贴、竞争能力与国有企业改革［J］．财经问题研究，2007（2）：88-94.

［129］张馨．中国财政支出的公共化改革［J］．东南学术，2012（2）：75-82.

［130］张彦博，李琪，政府环保补助与环境质量改进的相关性研究［J］．经济纵横，2013（9）：50-53.

［131］中华人民共和国财政部．企业会计准则第 16 号——财政补贴［M］．北京：中国财政经济出版社，2006.

［132］邹彩芬，许家林，王雅鹏．政府财税补贴政策对农业上市公司绩效影响实证分析［J］．农业经济研究，2006（3）：53-58.

［133］朱松，陈云森．政府补贴政策、盈余管理动机与上市公司扭亏［J］．中国会计与财务研究，2009（3）：92-140.

［134］朱云欢，张明喜．我国财政补贴对企业研发影响的经验分析［J］．经济经纬，2010（5）：83-87.

［135］周黎安．晋升博弈中政府官员的激励与合作：兼论我国地方保护主义和重复建设问题长期存在的原因［J］．经济研究，2004（6）：33-40.